教科書には載っていない

大日本帝国の発明

世界を驚かせた
33の発明秘話

武田知弘 Text by
Tomohiro Takeda

彩図社

まえがき

大日本帝国は、太平洋戦争においてアメリカに国土を焼け野原にされて降伏した。

太平洋戦争の敗北は、「科学力の敗北」だったと言われることがある。戦前の日本は、科学技術において、欧米の先進国に大きく後れをとっていたから敗れた、と言うのである。

しかし、それは大きな誤解である。

日本の科学技術は、欧米に比べてそれほど劣ったものではなかった。最先進国であるアメリカやイギリス、ドイツなどには若干後れをとっていたものの、それ以外の欧米諸国とはほぼ同レベルにあった。いや、むしろ特定の分野においてはアメリカやイギリス、ドイツなどに追いつき、追い越すような技術を持っていたのである。

本書は戦前の日本の科学力、技術力の現れともいえる大日本帝国時代の世界初の発明、発見を集めたものだ。

第一章は「産業を変えた科学技術の発明」と題して、欧米諸国に先駆けて発明した、内面つや消し電球やテレビ、ファックスなどの工業製品をまとめた。

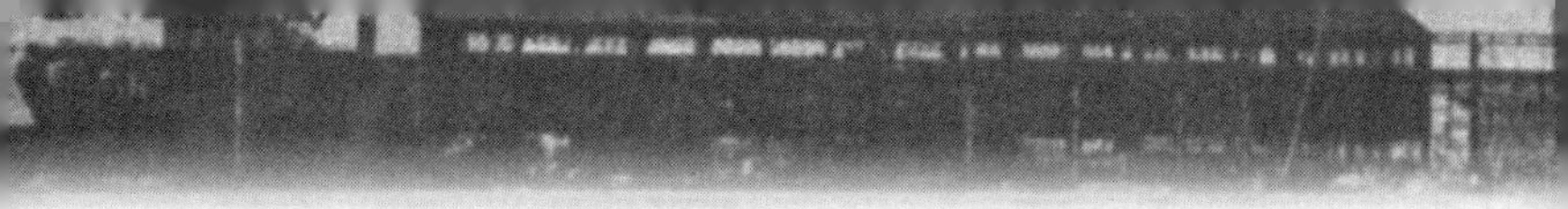

第二章は「戦争を変えた日本軍の発明」として、日露戦争の日本海海戦で見せた史上初の作戦、世界初の正式空母「鳳翔」や太平洋戦争緒戦に最強を誇ったゼロ戦、アメリカ軍を恐怖させた日本軍独自の戦法などを取り上げた。

第三章は「暮らしを変えた医学と健康の発明」と題して、戦前にあった驚くべき医学的な発見を中心に紹介した。戦前にも、ビタミンB1や赤痢菌の発見、破傷風菌の発見など、現在であればノーベル賞級の研究が数多く生まれていることに驚くはずだ。

第四書は「大日本帝国ではなぜ発明が生まれたのか」として、発明や発見の土壌となった大日本帝国という国について考察している。明治維新からわずか数十年で高度な科学技術を得ることができた秘訣を探った。

戦後70年を経て、昨今、大日本帝国の業績を再評価する動きもある。本書もその類のひとつではある。が、本書は、最近出回っているような「大日本帝国のすべてを肯定するようなもの」ではない。大日本帝国の所業を是々非々で考え直し、これまで厳しい評価をされてきた「大日本帝国の科学技術」を見つめ直してみよう、というのが本書の趣旨である。

大日本帝国の発明・発見の数々を知れば、「日本は戦後、突然に発展したのではない、戦前からの並々ならぬ労苦があったからこそ、今の経済大国がある」ということを再認識できるはずである。

大日本帝国の発明　目次

【第二章】戦争を変えた日本軍の発明 78

明治30年頃の東京帝国大学・機械工学実験所
（小川一真編『東京帝国大学』小川写真製版所、明治33年）

【第一章】

産業を変えた科学技術の発明

内面つや消し電球の発明

白熱電球が直面した新しい問題

「電球を発明した人は誰？」と聞くと、多くの人は**トーマス・エジソン**と答えるだろう。

電球が実用化されたのは、１８７９年。**アメリカのエジソンと、イギリスのジョゼフ・スワンがほぼ同時に成功**したとされる。

しかし、エジソンらが実用化に成功した電球は、現在普及している電球とはちょっと違う。当時の電球はガラスが透明だったのだ。

現在使用されている電球は、**ガラスが白く曇っているものがほとんど**である。

この白い電球は、実は大日本帝国時代の日本で発明されたものなのである。

エジソンらの実用化以来、電球の開発は大きなテーマになっており、世界中の技術者たちが研究に取り組んでいた。その成果もあり、電球は年々進歩し、より明るく、丈夫になった。

しかし、その進歩が「**まぶしさ**」という弊害を生む。電球の性能が上がり、明るくなり過ぎたため、まぶしくてそのままでは使えなくなってしまったのである。

電球を手に持つトーマス・エジソン。当時の電球はガラスが透明で、性能が上がるとまぶしすぎるという問題が生じるようになった。

それから世界の研究者は、明るさを保ちつつ、まぶしさを解消する方法を探し始めた。様々な方法が考案される中、いち早く発明に成功したのが、日本だったのである。

電球開発をリードする日本企業「東京電気」

日本でその研究をリードしていたのは、**東京電気**という会社だった。

東京電気の創業は明治23（1890）年。工学士の藤岡市助と元工部省の技師・三吉正一が共同で設立した会社で、創業時は白熱舎という名称だった。

東京電気はその名の通り、国産電球の製造を主な事業としており、エジソンによる電球実用

化の翌年には、早くも**国産電球第一号を製造**。その後も白熱電球の普及のために研究を続け、大正10（1921）年には、同社の技師・三浦順一がタングステンのコイルを二重にする「二重コイル電球」を発明。白熱電球の進歩に大きく貢献していた。

ひとりの技術者が世界的な発明に成功

そんな東京電気で電球のまぶしさを解消する研究を担当したのは、**不破《ふわ》橋三《きつぞう》という技術者**だった。

不破は当初、ガラスの外側につや消し加工を施すことでまぶしさを軽減させようとした。この方法では、たしかにまぶしさを弱めることはできた。しかし、照度（明るさ）が極端に落ちてしまい、電球も汚れやすく、掃除がしにくかった。

そこで、不破はガラスの内側を処理することを思いつく。しかし、ガラスの内側のつや消し加工は技術的にたいへん難しく、電球が壊れやすくなるという欠点があった。

不破は失敗を繰り返しながらも、粘り強く研究を続けた。そして大正14（1925）年、ついに**ガラスの強度問題を克服した、内面つや消し加工に成功**する。

昭和2（1927）年、不破は「内面つや消し自動機械」を開発。この新技術により、東京電気は内面つや消し電球の量産化ができるようになり、不破の電球は「新マツダ瓦斯《ガス》入電球」の名前で発売された。

内面つや消し電球の発明者、不破橘三（「経済マガジン」1939年新年号より）

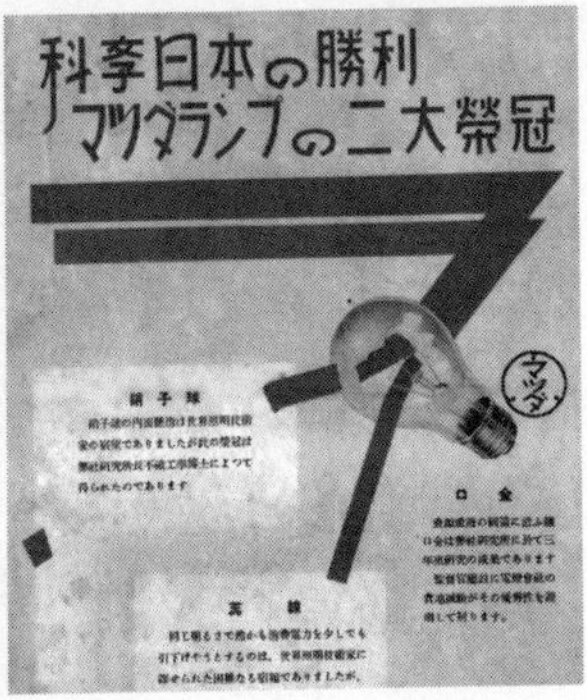

戦前の雑誌に掲載された「新マツダ電球」の広告。「硝子球の内面艶消は世界照明技術家の宿望でありましたが此の栄冠は弊社研究所長不破工学博士によってえられたのであります」と書かれている。

その後、不破の内面つや消し電球はアメリカに渡り、実用化された。この電球が世界のスタンダードになったのである。

現在のホワイトランプと呼ばれる白熱電球は、この「新マツダ瓦斯入り電球」と同じ形態、色のものである。ただし現在の白熱電球ではつや消しではなく、電球をコーティングすることによって白色にしている。

不破橘三の発明した「つや消し電球」は、三浦順一が発明した「二重コイル電球」とともに、**「電球における5大発明」のひとつ**に数えられている。

ちなみに東京電気は、昭和14（1939）年に重電メーカーの芝浦電機と合併し、東京芝浦電気となった。後に日本を代表する**大手電機メーカー「東芝」の誕生**である。

無線電話の実用化

世界の度肝を抜いた明治時代の発明

現代社会では、もはや必需品といってもいい携帯電話。2014年の携帯電話契約者数はおよそ**1億4505万件**（一般社団法人 電気通信事業者協会調べ）。私用と仕事用の携帯電話を使い分けるケースも多くなってきた。

遠く距離を隔てた人と人が、あたかもすぐ近くにいるかのようにリアルタイムで会話を交わす――電話という技術は、グラハム・ベルが実用化に成功して以来、130年の間に目覚ましい進歩を遂げてきた。

日本は電話の分野でも長年世界をリードしている。いまでは携帯電話の普及でほとんどみかけなくなったが、**「自動車電話」の実用化に世界で初めて成功したのも日本**である（1979年にNTTがサービスを開始）。

しかし、それをさかのぼること60年以上前、明治時代の日本で、いまの携帯電話にもつながる驚くべき技術が発明されていたことをご存知だろうか。

その驚くべき技術とは、**世界初の「実用無線**

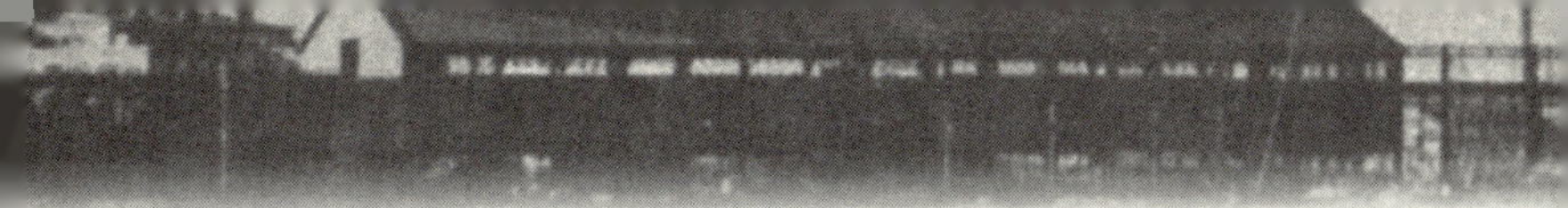

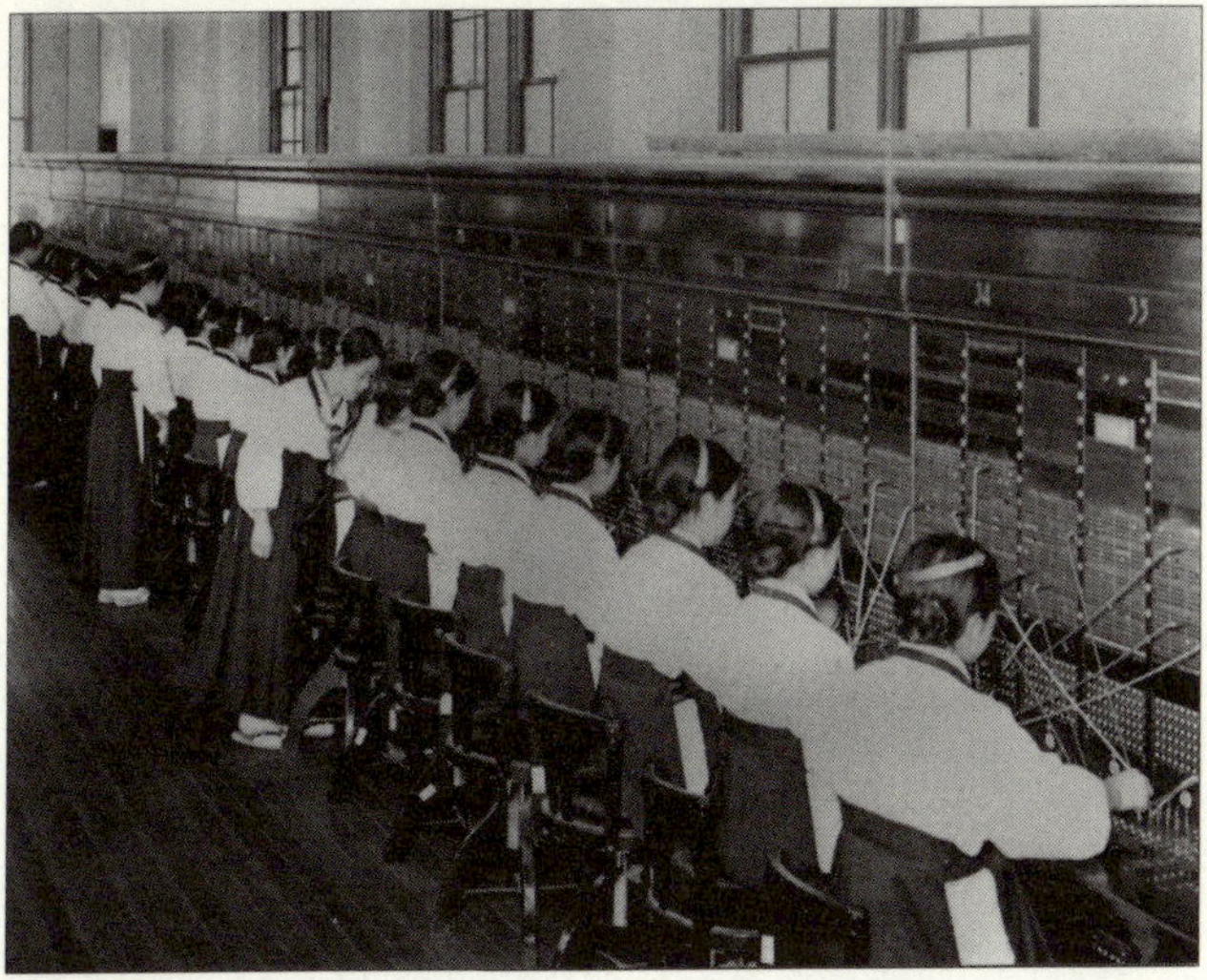

電話が登場した頃の電話交換所（提供：郵政博物館）。当時は電話の取り次ぎを人の手を介して行っていた。

電話」である。

世界で巻き起こった無線電話開発競争

日本で最初に電話サービスがはじまったのは、明治23（1890）年のことである。ベルギーなどから機器を輸入し、1月に東京〜熱海間で公衆市外電話サービスが開始され、12月には東京〜横浜間で本格的な電話交換業務がスタートした。事業を管轄したのは、逓信《ていしん》省だった。電話事業は国が管理する国営事業だったのである。

電話が珍しかったこともあり、当初は**加入者数が非常に少なかった**。電話事業開始時の加入者は、東京で155件、横浜で42件の、合わせ

て197件しかいなかったとされる。

その後、国内の電話事業は拡大し、電線が日本各地に延びるにつれ、加入者は年々増加の一途をたどり、太平洋戦争の末期には**国内の電話加入者数は100万件を突破**した。

国内で電話事業が始まった当初は、電話機を電線でつなぐ有線電話が中心だった。そのため、海上の船舶や電線でつながっていない遠隔地と通話することはできなかった。

そこで逓信省は無線通信を使った電話技術の開発に乗り出す。

電波を使って情報をやりとりする無線通信は、19世紀末に実用化されていた。しかし、当時はまだモールス信号の時代であり、現在の電話のように声を届けることはできなかった。無線電話の技術自体も、明治35（1902）年にカナダの発明家レジナルド・フェデリカッセンが発明していたが、それはあくまで実験段階のものであり、各国は実用化を目指してしのぎを削っているような状態だった。

そんな中、いち早くこの新技術をモノにしたのが、新興国の日本だったのである。

実用化に成功した3人のスゴ腕研究員

実用無線電話を発明したのは、逓信省の電機試験所（現在のNICT）の**鳥潟《とりがた》右《う》一《いち》と横山英太郎**、**北村政治郎**という3人の研究員だった。

鳥潟らは無線電話の研究・開発に取り組み、明治45（1912）年、ついに実用に耐え得る世界初の無線電話を開発した。無線電話は3人

TYK 式無線電話（左上）と通話の様子（提供：郵政博物館）。無線電話は鳥羽などに設置され、1 万 5000 回以上の通話実績を残したとされる。

の頭文字を取り、「**TYK式無線電話**」と名付けられた。

TYK式無線電話は、火花放電式無線と呼ばれる特殊な構造をしていた。これは音声に応じて火花放電を飛ばすことで電波を生じさせ、音声を無線で送るというものだった。

TYK式無線電話は大正3（1914）年に三重県の鳥羽〜答志島〜神島間で船舶との連絡に使用され、名古屋港や四日市港に出入する船舶の公衆用通信としても運用された。

しかし、TYK式無線電話はあまり長くは使われなかった。真空管やトランジスタの登場により、**無線通信の方式が置き換わったから**だ。

いまでは忘れられた技術になった「TYK式無線電話」だが、現代の携帯電話にもつながる偉大な発明であったことは間違いない。

電子式テレビの発明

電気好きの少年から世界的な研究者に

世界中で娯楽の必需品となっているテレビ。インターネットが普及した現在でも、テレビの存在感は大きく、依然として娯楽の王様の地位を守っている。

そのテレビの技術において、日本で重要な発明が行われている。実は**テレビ画像の送受信に初めて成功**したのは、大日本帝国時代の日本なのである。

実験に成功したのは、**高柳健次郎**という工業高校の助教授（当時）だった。

高柳健次郎は、明治32（1899）年に浜名郡和田村（現静岡県浜松市）に生まれた。

幼少期は、体があまり丈夫ではなく、色が白く、手足が細かったため、友達から「お姫様」とあだ名をつけられていたという。学校の成績は悪く、運動も苦手だったが、幼い頃から機械いじりが好きで、機械の構造に強く惹かれた。

なかでもとりわけ興味を持ったのが、尋常小学校時代に出会った「無線」だった。軍艦信濃の乗組員だった水兵が、無線通信のデモンスト

アメリカの科学雑誌に掲載された初期の機械式テレビ。画像がはめ込まれた金属製のディスクを回し、映像を見る仕組みだった。（「Science & Invention」1928年11月号）

レーションで学校を訪れたのだ。これを見てさらに機械好きが高じる。

その後、教師を目指して、浜松にある準教員養成所に入り1番の成績で卒業した。

そして静岡師範学校に入学し4年間勉強したが、卒業間際になって伯母が「将来老後の面倒をみる」ことを条件に、学資を出してくれるということになった。高柳はこの申し出を受け、さらに進学することにした。

そうして大正7年、東京高等工業学校付属の工業教員養成所へ入学する。ここを選んだのは電気関係の学科があったからだ。

大正10（1921）年、東京高等工業の電気科を卒業した高柳は、神奈川県立工業高校に就職した。機械好きは相変わらずで、科学雑誌『ポピュラー・サイエンス』、アマチュア向けの

『ラディオ』、電気関係の専門雑誌などを、片っ端から購読していた。就職後の初めて出た給料の全額をはたいて、横浜の丸善で十数冊の雑誌を3年分予約したというエピソードもある。

片田舎で行われていた世界最先端の研究

大正12（1923）年7月頃、高柳がフランスの雑誌を見ているとき「未来のテレビジョン」と書かれた一枚の絵が目にとまった。そこに描かれていたのは、ラジオのような箱の上にある額縁の中で、女性が歌っている絵だった。

高柳はその絵を見たとき、「このような絵が描かれるということは、ヨーロッパの研究者は、もうテレビジョンの開発をやり始めているに違いない」と思った。そして、自分も後れをとるまいとテレビジョンの研究を決心した。

翌年、高柳は浜松高等工業学校に助教授として赴任すると、ここでテレビジョンの本格的な研究を始めた。翌年結婚したが、このときの持参金300円も実験費用に使ってしまうほどの熱の入れようだった。

高柳は、ドイツで発明されていたブラウン管を改良し、**テレビ受像用のブラウン管の開発に成功**する。大正15（1926）年12月26日、大正天皇の崩御の日に、**実験室のブラウン管に「イ」の字が映った**。これが世界初の電子式テレビだといえるのである。

明治維新以来、日本は欧米の科学に追いつくことを悲願としてきたが、テレビという最新技

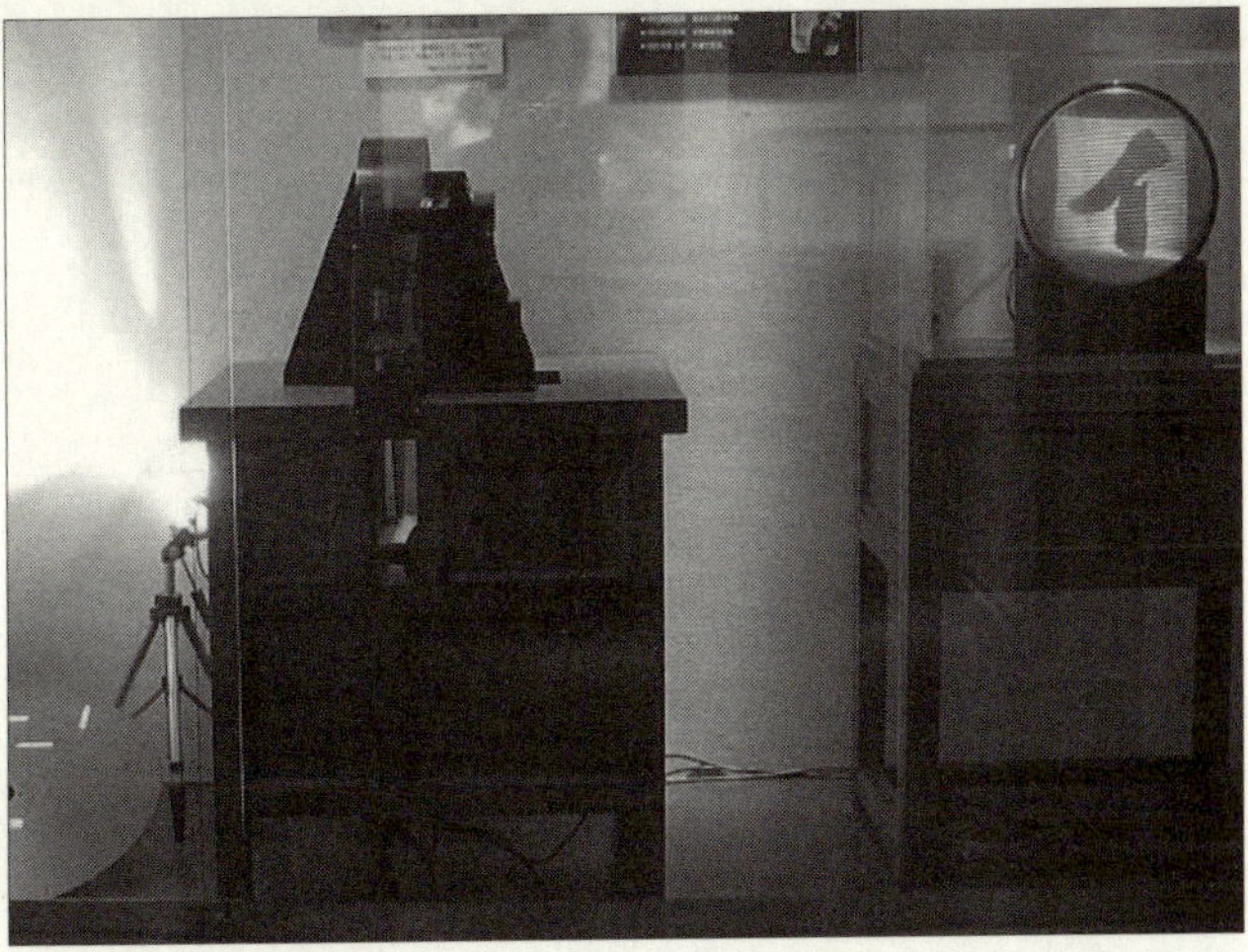

NHK 放送博物館に展示されている、高柳の実験装置を再現したもの。右側に置かれたブラウン管に「イ」の文字が浮かんでいる。

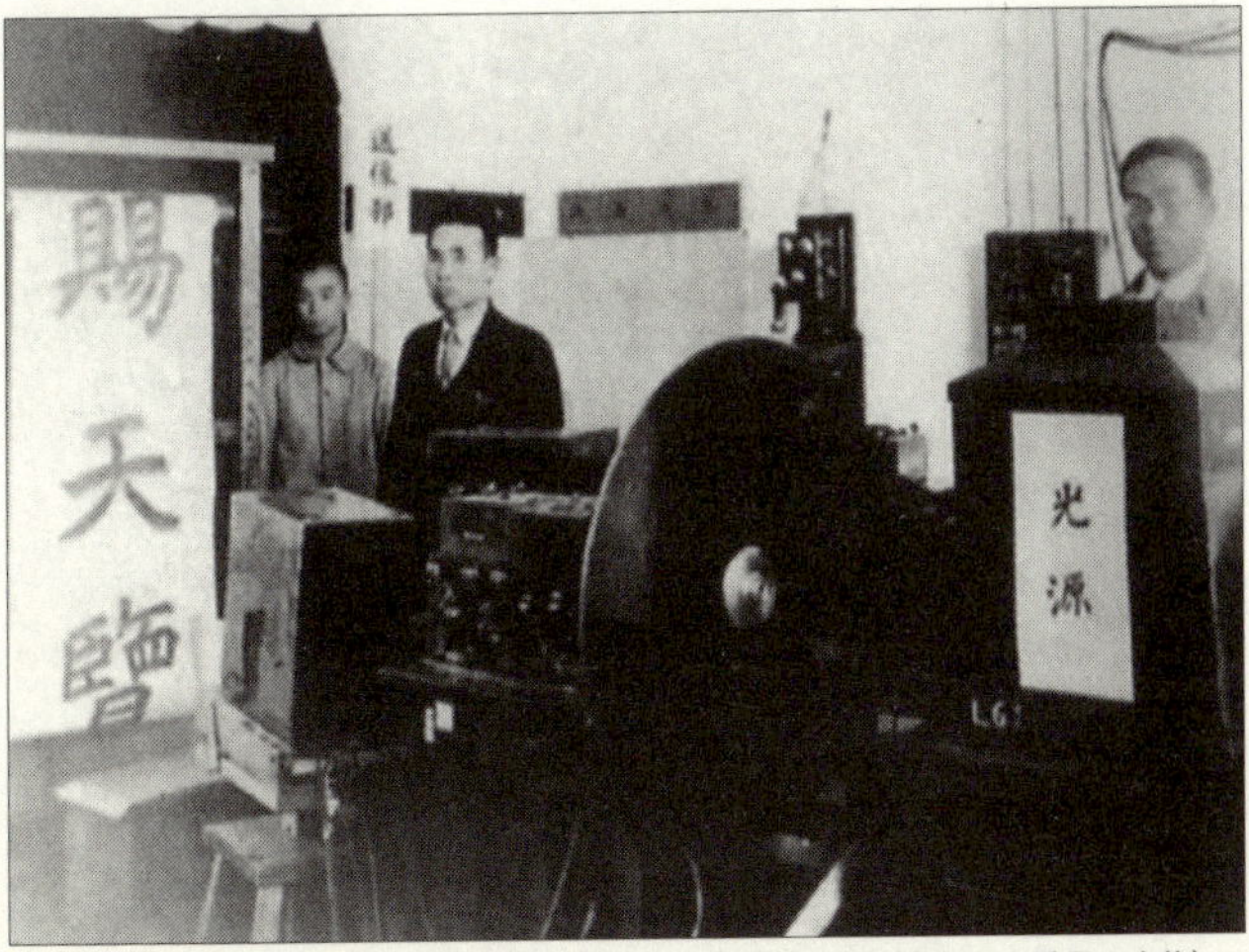

天皇臨幸の際に電子式テレビの照射実験を行う高柳健次郎（左から２番目の人物）。

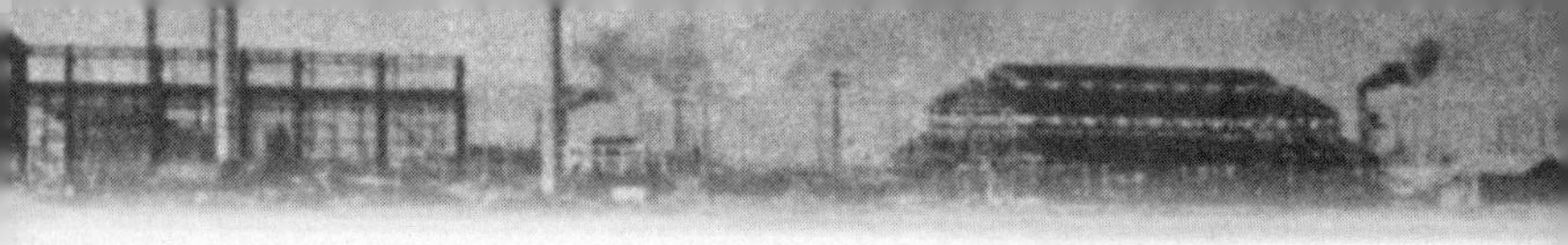

術の分野において、ついにトップに立ったのである。

戦後は民間に下り、テレビの普及に尽力

昭和5（1930）年3月には、日比谷公園で行われたNHKのラジオ放送5周年を記念する展覧会に、高柳らは直径12インチのブラウン管テレビ装置を出品した。

同じ年の5月には、天皇陛下が静岡臨幸の際に、テレビ実験を見るために浜松高等工業学校に立ち寄った。

当時は天皇陛下に直接説明したり拝謁するには判任官（助教授）ではなく奏任官（教授）でなくてはならなかったため、高柳は**急きょ教授に昇格**した。それは、高柳の研究条件を飛躍的に高めることにもなった。「テレビジョン研究施設」として予算が計上され、教授2名、助教授4～5名、助手10名ほどを職員として認められたのである。

昭和15（1940）年に開催が予定されていた**東京オリンピックでテレビ中継を行う計画**が立てられ、高柳はNHKに出向してその開発に従事することになった。

しかし、戦局の悪化で東京オリンピックの中止が決まる。高柳は軍の命令によって、テレビの研究ではなく、レーダーの開発などをさせられた。

戦後になり、NHKでもテレビの研究が再開されたが、高柳は戦時中に軍に協力したかどでGHQの指示により、NHKでの研究を中止さ

高柳の熱意が実り、日本のテレビ放送は昭和 28（1953）年に開始された。写真は街頭テレビに群がる人々（郵政博物館提供）。テレビは瞬く間に娯楽の王様になった。

せられた。

　そのため、昭和21（1946）年には浜松時代の教え子らとともに、日本ビクターに入社し、テレビ受像機の開発を開始する。産官学共同でテレビ放送を研究する「テレビ同好会」の委員長にも就任し、昭和28（1953）年の日本のテレビ放送開始を支えた。

　またビクターの研究者としては、シャープ、東芝などと協力し、各社でテレビの材料に統一基準を設けるなどして互換性を高め、**テレビ製造のコスト削減にも成功**している。その後は、教え子たちによる、ＶＨＳビデオの開発などもバックアップした。

　日本の技術力の高さを世界にアピールした高柳、その業績は現在でも色褪せることなく、**「日本のテレビの父」**として讃えられている。

テレビアンテナの発明

日本で無視された世紀の発明

トンボのような形をした**テレビアンテナ**。昨今は衛星放送の普及でパラボラアンテナにとって代わられた感があるが、少し前までは、各家庭の屋根に建てられていた。あのテレビアンテナも、実は大日本帝国時代の日本で発明されたものなのである。

昭和3（1928）年、東北帝国大学の**八木秀次教授**を中心とした研究グループは、テレビアンテナなどの原型となる「**八木アンテナ**」を開発した。八木アンテナは、共同研究者の宇田新太郎博士の名を入れて「**八木・宇田アンテナ**」と呼ばれることもある。

八木秀次は、明治19（1886）年、大阪生まれ。東京帝国大学の工学部を出て、大正8（1919）年に東北帝国大学の工学部教授となった。八木はこの東北帝国大学教授時代に、世界的に優れた研究を行うことになる。

八木アンテナは、発明された当時、**日本の学会からは無視されていた**。

当時の電気学会では、発電、送電、電動機な

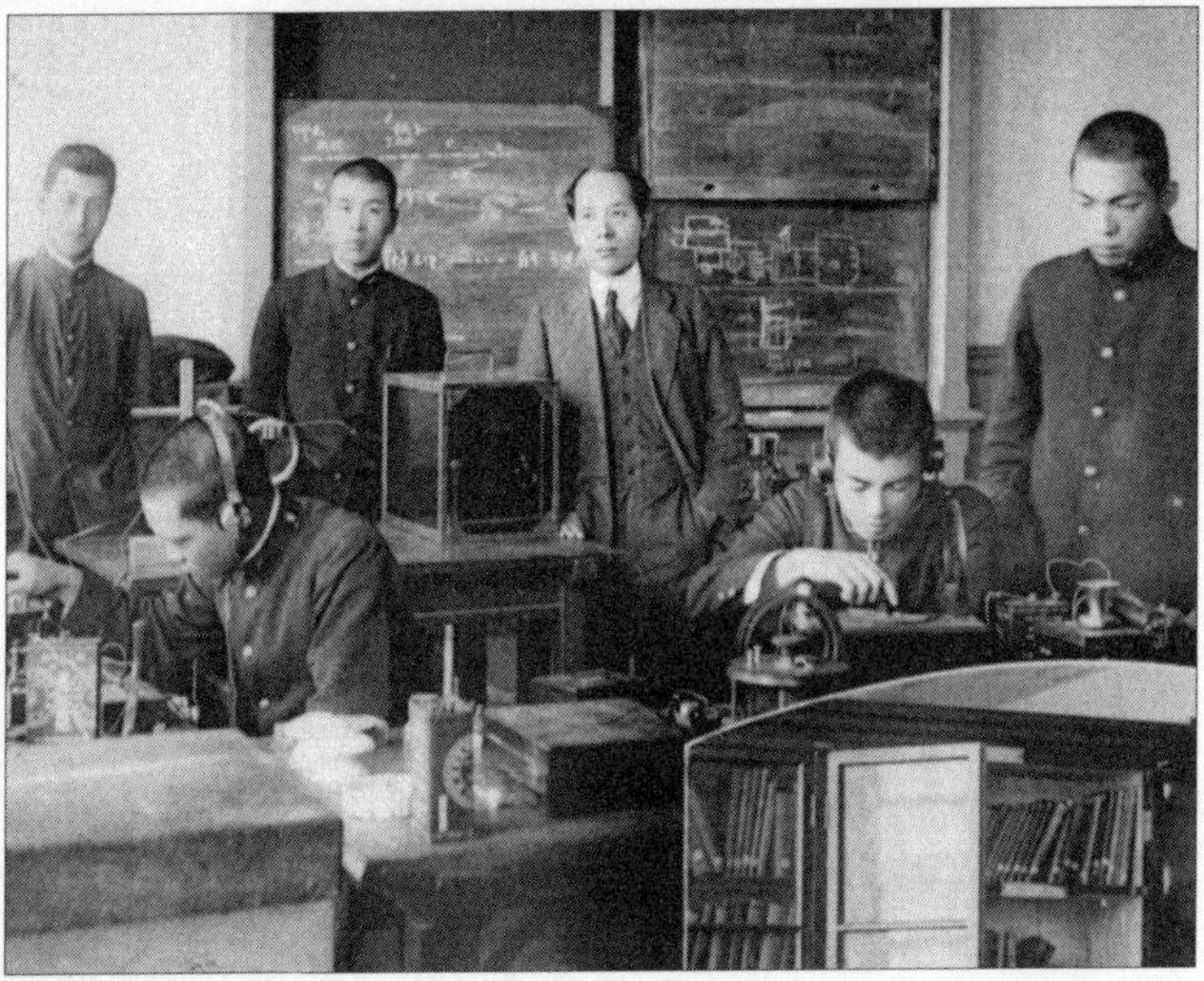

東北帝大の無線電信実験室で指導する八木秀次（中央）。八木は参議院議員として政界進出も果たし、昭和 51（1976）年に 89 歳で没した（提供：東北大学史料館）。

どの「電力」に関する技術がもてはやされ、電気通信の技術などは二の次、三の次と考えられていた。また、電気通信に関する知識を持っている専門家も非常に少なかったのだ。

　そのため、八木ら東北帝国大学のグループから矢継ぎ早に電気通信に関する論文が発表されると、学会は閉口し、「東北帝大は論文提出をしばらく遠慮してくれ」などと言ってくる始末だった。

　電気通信技術の草創期のことであり、その価値を理解できるものがあまりいなかったということもあるだろうが、**日本人がそれほど重要な発明をするはずがないという思い込み**もあったようだ。

　明治維新以来、日本人が科学技術にかけては、西洋にはかなわない、ということを思い続

けたために、日本人が西洋を凌駕する発明をしようとは考えられなかったのだろう。

欧米で評価された八木アンテナ

しかし八木アンテナは、海外での評価は高かった。英米では、この技術を元に**レーダーを開発**したのである。

レーダーとは、電波によって敵艦船や航空機の位置をキャッチするというものだ。この新兵器は、第二次大戦に初めて本格的に活用されたものである。

日本は、このレーダーの実用化が遅れ、英米はこの新兵器をうまく活用した。その差は、太平洋戦争で大きく表れた。

たとえば、ミッドウェー海戦では、アメリカ軍はミッドウェー島にレーダーを設置していたため、いち早く日本軍の攻撃を察知することができた。

太平洋戦争中盤以降、日本海軍が次々と敗北を重ねたのも、このレーダーの役割が大きかった。日本も戦争後半にはレーダーを使用したが、その精度は低く、アメリカ軍が活用したほどの効力は見られなかった。

第二次大戦開戦後、シンガポールを陥落させたとき、接収したイギリス艦隊に「**YAGI・ARAY**」という機器が積まれていた。日本軍にはこの「YAGI・ARAY」が何なのかどうしても理解できずに、英国側に聞いたところ、日本人の八木が発明した技術のことだとわかった。日本は、国内でせっかく高い技術を開

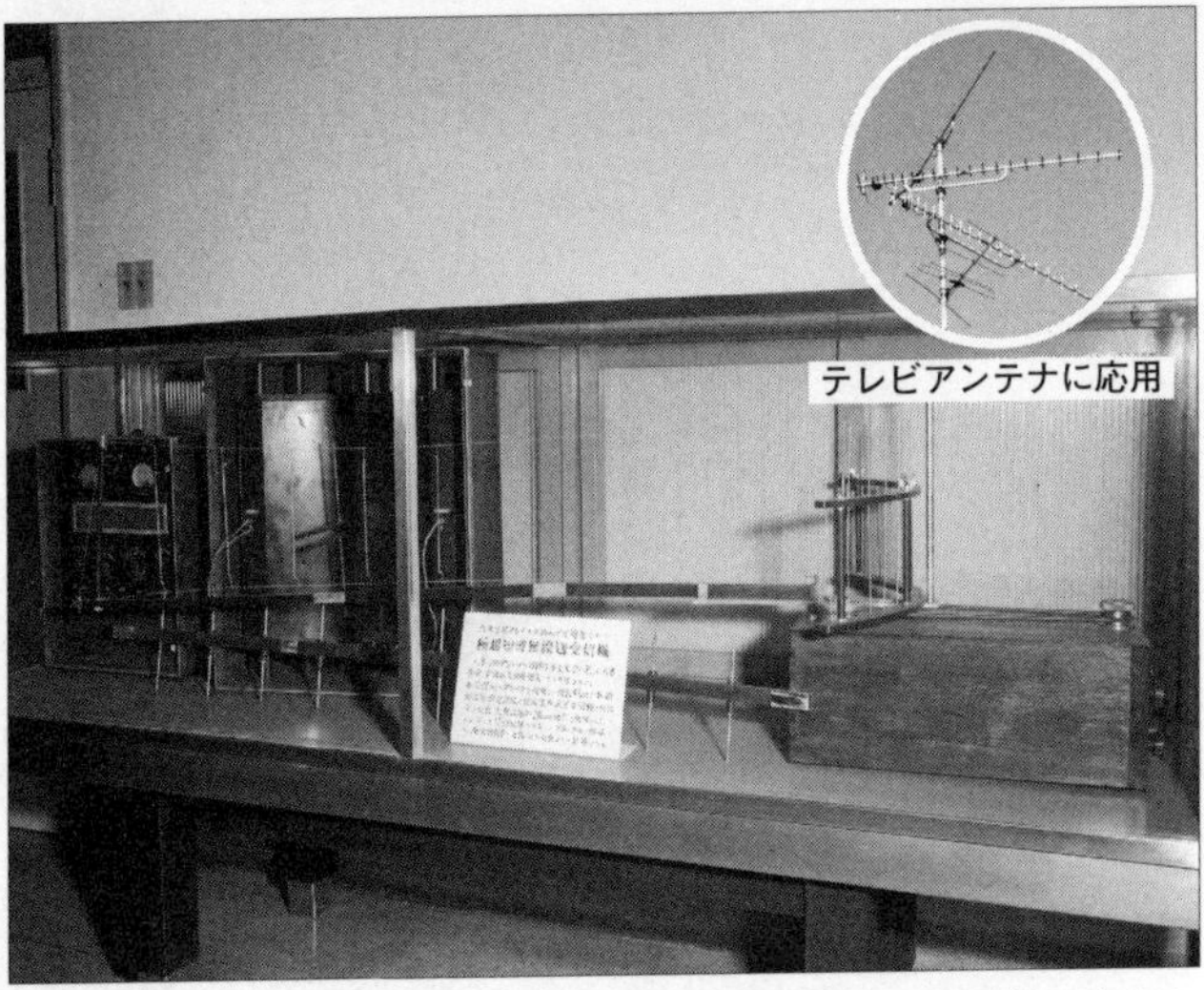

八木・宇田アンテナを初めて実用化した極超短波無線送受信機。大正15(1926) 年に、仙台・大鷹森間20キロの通信に成功した。(提供：東北大学史料館)

発していたのに、それを積極的に活用しようとはしなかったのである。

ちなみに、八木と同時期に同じ東北帝大の研究者、**岡部金次郎が電子レンジのもとになったマグネトロンの実用化に成功**している。

八木アンテナやマグネトロンなど、東北帝大でこの時期、世界的な発明が相次いだのは、**斉藤善右衛門**という地元の篤志家から潤沢な資金援助を得ていたからである。斉藤善右衛門は仙台の金融業者で、300万円を寄付して「斉藤報恩会」という財団をつくり、主に東北帝大の研究費を援助した。当時の300万円は、**現在の貨幣価値にして200億円以上**になる。

八木アンテナは、戦後はテレビの開発とともにテレビ・アンテナとして利用された。日本の発明が世界に普及した見本的なケースである。

ファックスの発明

欧米をリードした大日本帝国の大発明

写真や文字、図版を電送する「ファックス」。現代のオフィスワークにはなくてはならない機器である。

あまり知られていないが、この**ファックス**を**世界で最初に実用化したのは大日本帝国時代の日本**である。

ファックスの原理は19世紀中頃、イギリスのエジンバラ・ベインという時計技師が考案していた。しかし、ファックスの原理はわかっていても、長い間、機械自体は製作されなかった。ファックス機が開発されたのは、１９２０年代になってからである。

ドイツの有名電機メーカーのシーメンス社、そしてフランスの電機メーカーであるベラン社がそれぞれ独自の電送機を開発していた。しかし、両社の電送写真は対象物がわからないほどぼやけたもので、**まだまだ実用化にはほど遠かった**。

そんな難しい技術を、戦前の日本人が実用化しているのだ。

NE式写真電送装置を発明した丹羽保次郎博士（左・1893～1975）と小林正次博士（1902～1975）。（写真は発明図書刊行会『日本発明家五十傑選』より）

絶妙のアイディアで世紀の大発明をする

ファックスの実用化に成功したのは、日本電気（現NEC）の技術者・**丹《に》羽《わ》保《やす》次《じ》郎《ろう》**を中心とする開発チームである。

丹羽保次郎は、東京帝大出身のエリート技術者で、逓信省電気試験所（現・産業技術総合研究所）でニワ・パーミアメーター（磁気測定計）を発明しており、すでに**世界的にも知られたエンジニア**となっていた。

日本電気は大正時代末の関東大震災で被災し、東京府芝区三田（現・東京都港区三田）の社屋が全壊、多くの技術者が亡くなり、会社は壊滅状態になっていた。再建の切り札として、

昭和元（1926）年に日本電気は丹羽をスカウトし、技師長にすえたのである。そして丹羽の母校の東京帝国大学工科大学電気科から、10年後輩にあたる小林正次などの若手技師が丹羽の下に集まった。

この丹羽チームは、ヨーロッパで開発が進められていた**写真電送装置（ファックス）**に取り組むことになった。

丹羽チームが画期的だったのは、ファックスのカナメの部分に**「電磁オシログラフ」**を使ったことである。「電磁オシログラフ」とは、電気信号の波形を測定するもので、当時から電気研究では普通に使われていたものである。現代では**「ウソ発見器」などにも応用**されている。

この「電磁オシログラフ」を使うことによって、今までよりもはるかに鮮明に確実に、写真の電送が行えるようになった。欧米の電機メーカーは、まだこの「電磁オシログラフ」をFAXに使うことは思いついていなかった。

昭和3（1928）年1月、丹羽らは、ついに**国産初の写真電送装置を完成**させた。

試作機の試験は、松竹キネマのマドンナ・松井千枝子のサイン付きブロマイド写真で行われた。葉書大の写真は約60秒で送受信され、本邦初のマドンナ電送実験は想像をはるかに超えた大成功を収めた。

丹波チームは昭和3年1月16日、**「写真電送変調方式」**と題して特許を申請した。さらに日本電気の頭文字をとり、**「NE式写真電送装置」**と命名して発表した。しかし、欧米でもまだものにしていない技術を日本人が発明できるはずがない、という思い込みがあったのか、新聞や

丹羽らが発明したNE式写真電送装置（提供：郵政博物館）

昭和初頭の電送写真の送受信風景。現在のファックスと違って、写真やデータのやりとりは非常に大掛かりなものだった。（提供：郵政博物館）

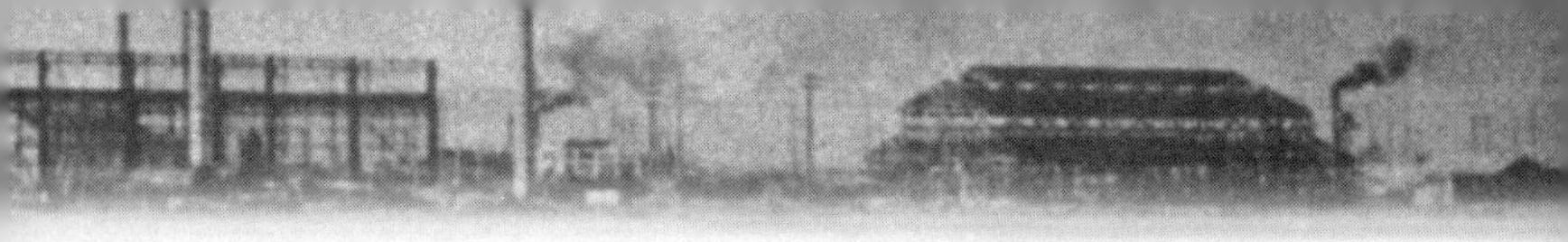

雑誌記者からの反応はなく、学界でも話題にならなかった。

昭和天皇の即位式で性能を世界に知らしめる

しかし、なんといっても世紀の大発明である。やがて、その実力は世間に示され、日の目を見ることになった。

きっかけは、昭和3（1928）年11月6日に行われた**昭和天皇（迪宮《みちのみや》裕仁《ひろひと》親王）の即位式**である。新聞各社は式の模様をいち早く詳細に報道しようとしのぎを削っていた。式は京都御所で行われるため、東京にどうやって写真を送るかで頭を悩ませていた。電車などで送り届ければ、どうしても一日遅れになる。

そこでマスコミ各社は欧米で開発されたばかりの写真電送装置に目をつけた。

朝日新聞と電通は、ドイツのシーメンス式の装置を共同で購入した。朝日のライバルの大阪毎日新聞と東京日日新聞は、共同でフランスのベラン式装置を購入した。

大阪毎日新聞は、フランスから技術者まで招き電送試験をしてみたが、送られてきた画像は、像が曲がったり線が入ったりして、もはや写真とはいえないような代物だった。事前にそれを見た**宮内庁が激怒し、「電送は不可」と申し渡される始末**だった。

そのため、大阪毎日新聞は、藁にもすがる思いで、日本電気の写真電送装置を購入し、フランスのベラン式と併用することにした。

御大典に向けて天皇が行幸される2日前、東

NE式写真電送装置で送られた御大典の写真（昭和天皇は、写真左奥の馬車の中）

京日日新聞に電送装置が搬入され、丹羽によって機器が設置された。大阪毎日新聞にも小林が飛び、装置を設置した。

昭和3（1928）年11月6日、午前7時10分、天皇皇后両陛下を乗せた馬車が皇居を出発した。その模様の写真が**即座に東京日日新聞本社から大阪毎日新聞本社に電送**された。それから2時間も経たない午前9時には、東京と大阪の街頭で号外が配られた。その写真は、ドイツのシーメンス式を使った朝日新聞の写真とは**比べものにならないほど鮮明**だった。

こうして日本発のファックスが、世界中に認められることになったのである。

ちなみに、丹羽保次郎はファックスの実用化などの功績により、昭和60年に**「日本の発明家十傑」**のひとりに選ばれている。

第一章　産業を変えた科学技術の発明

乾電池の発明

若い時計職人が見た永久自動機械の夢

ラジオ、電卓、シェーバーなど、多くの小型家電に使われている**乾電池**。この乾電池を発明したのが日本人であることをご存知だろうか？しかも、それは最近のことではない。今から100年以上も前の明治時代のことなのだ。

乾電池を発明したのは、**屋井《やい》先蔵《さきぞう》という時計職人**である。

屋井先蔵は文久3（1863）年に、越後国長岡城下（現・新潟県長岡市）の武士の家に生まれた。屋井家は代々三百石余りの禄を奉じる上級武士だったが、先蔵が6歳のときに父が死亡。さらに明治維新によって家は没落し、母とともに、叔父に養われる身となった。

早く一人前になりたかった先蔵は、15歳の春、自ら申し出て長岡の矢島という時計店に年季奉公に出た。先蔵は時計職人が性に合っていたようで、奉公して1年後には簡単な時計の修理くらいは難なくこなせるようになった。

先蔵は時計店で働く中で、ある大きな目標を抱くようになる。それは**永久自動機械の発明**で

■屋井先蔵
（1864～1927）
新潟県長岡市出身。長岡の時計店で奉公した後、進学のために上京。受験に失敗して進学を断念するが、一念発起して電気時計を発明し、特許を取得。その後、電気時計に使用していた電池の改良に取り組み、明治20年頃に世界初の乾電池を発明。乾電池の製造販売で成功し、「乾電池王」と称された。しかし、後継者に恵まれず屋井の会社はは戦後すぐになくなってしまった。（写真は日本乾電池工業会『日本乾電池工業史』より）

ある。永久自動機械とは、ネジなどの動力を必要とせず、永久に動き続ける機械のことだ。

だが、専門的な教育を受けたわけではないため、知識が圧倒的に不足していた。発明のためには専門的な教育を受ける必要があることを痛感した先蔵は、進学を志すようになった。

明治17（1884）年、7年の奉公を終えた先蔵は、上京をして進学のための猛勉強を始める。しかし、目標の学校の入試に失敗。翌年も再び挑戦するが、5分遅刻してしまったために受験すらさせてもらえなかった。

進学を諦めた先蔵は、叔父の経営する工場で職工として働き始めた。だが、依然として発明にかける情熱は失っておらず、仕事の傍ら、研究を続けていた。

そして3年後の明治22（1889）年、先蔵

はついに大きな仕事を成し遂げる。**「電気時計」の発明**である。

当時も電気を使った時計はすでに存在していたが、時計の動力源となるゼンマイを電気で巻くといったものが多かった。先蔵の「電気同型」は自作の電池を組み込み、すべてを電気で動かすという画期的なものだった。

先蔵は特許を出願し、2年後に農商務省特許局（現・経済産業省特許局）に認められ特許登録された。これは**日本の電気に関する特許第一号**だった。

電気時計の失敗が生んだ世紀の発明

しかし、せっかく特許をとったというのに、「電気時計」はまったく売れなかった。

先蔵はその原因が時計に組み込んだ電池にあるのではないか、と考えた。

当時の電池は、塩化アンモニウム液などを電解質として利用する仕組みになっており、**電池の中に〝液体〟が入ったもの**だった。この〝液体電池〟は持ち運びが不便な上に、冬は凍ってしまうという扱いづらいものだった。

そのうち先蔵は、液体を使わない乾いた電池、つまり〝乾電池〟をつくれないものか、と考えるようになる。

明治18（1885）年、先蔵は東京市下谷御徒町（現・台東区台東）の裏長屋に実験室を設けて発明を開始した。昼は働き、夜は電池の研究という日々を送った。1日の睡眠時間は3時間程度だったという。何百回もの試行錯誤を繰

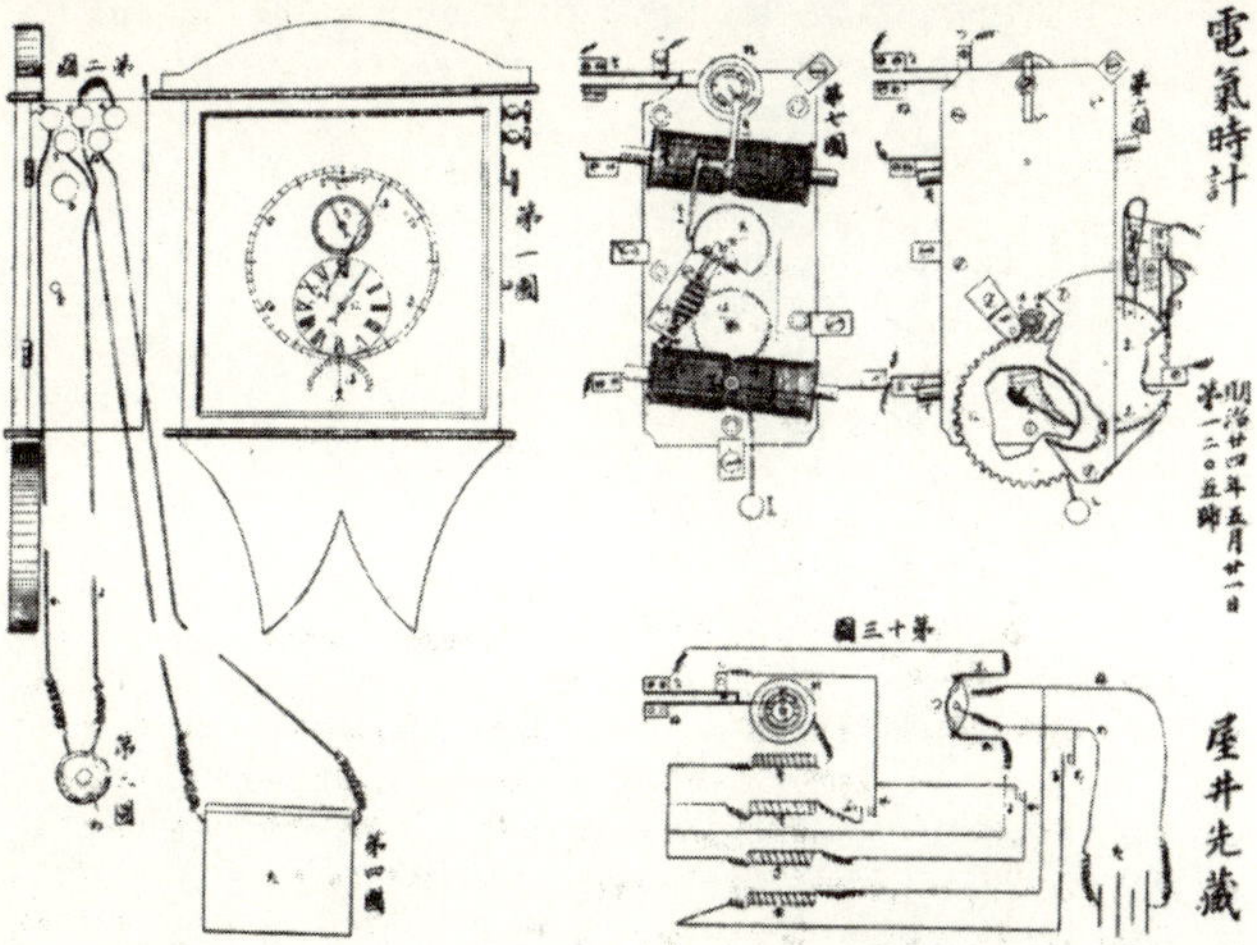

先蔵の電気時計の構造図。すべてを電気で動かすという画期的なものだったが、当時、すでに機械式時計が主流になりつつあったため、先蔵の電気時計はほとんど売れなかったという。（画像は日本乾電池工業会『日本乾電池工業史』より）

り返して、やがて塩化アンモニウムを紙に染み込ませることで、〝液体〟からの脱却に成功。そして、**ついに乾電池を完成させた**のである。

先蔵が乾電池を発明した正確な日時は定かではないが、明治20（１８８７）年ごろ、遅くとも明治22（１８８９）年には完成させていたとされている。

このとき、先蔵は特許を申請していない。当時は特許の申請には高額の手数料がかかった。先蔵にはその資金がなかったのだ。

また、「電気時計」の一件で特許をとったからといって、必ずしもお金儲けにつながるわけではないことが先蔵には痛いほどわかっていた。それらの理由から、特許をとらずに放っておいたのである。

周囲の勧めもあり、先蔵は明治26（１８９２）

年にようやく乾電池の特許（特許第２０８６号）を取得した。

しかし、そのわずか1ヶ月前、逓信省の電気技師、高橋一三郎が乾電池の特許を取得していた。両者の乾電池は構造が違うため、先蔵にも特許が下りているが、乾電池の特許第一号の名誉は取り損ねてしまった。また、海外では明治21（１８８８）年にデンマークのヘレンセンがすでに特許を取得している。

万博に出品され、世界に衝撃を与える

明治26（１８９３）年、シカゴで開催された万国博覧会で、日本の出品物の中に地震計があった。

この地震計には、先蔵の乾電池が使われていたが、水気がなくて使いやすい「乾電池」というものを初めて見た世界の人々は驚嘆した。

先蔵は、浅草七軒町（現・台東区元浅草）に**「屋井乾電池合資会社」**を興して、「屋井乾電池」の製造販売を開始した。

しかし、乾電池はなかなか売れなかった。当時はまだ、電池で動かすような製品が少ない。乾電池は使い道がなかったのである。

失意に沈む先蔵だったが、大きなチャンスがやってくる。

明治27（１８９４）年、日本は清国との間で大きな戦争を始めた。**日清戦争**である。戦争になれば、様々な物資が必要になる。先蔵のもとにも**陸軍省から乾電池５００個の大口注文が入った**のである。

懐中電灯や携帯電灯用に開発された屋井乾電池のラインナップ。大正時代には携帯電灯が普及。乾電池の需要も高まった。（日本乾電池工業会『日本乾電池工業史』より）

陸軍では、懐中電灯や電信機に液体電池を使っていたが、冬の満州では凍ってしまって使えなかった。そのため「乾いた電池」だという屋井乾電池を使ってみようということになった。屋井乾電池は性能を充分に発揮し、陸軍にとっては非常にありがたい代物となった。

屋井乾電池の〝活躍〟は、新聞にも大きく取り上げられ、大評判を呼んだ。

その後、屋井乾電池はよく売れるようになった。先蔵は乾電池にさらなる改良を加え、**「密閉式乾電池」などを開発**した。これも現在の乾電池に近づく大きな進歩となった。

世界の電気史の中では、乾電池の発明者に屋井先蔵の名前は出てこない。しかし、彼が乾電池を最初に発明したのは紛れもない事実であり、乾電池は日本が誇れる大発明だといえる。

シャープペンシルの発明

わずか2歳で養子に…不遇だった少年時代

芯が短くなると手元の操作で芯を繰り出すことができる機械式鉛筆**「シャープペンシル」**。使うたびにいちいち削らなくてはならない普通の鉛筆に比べて、便利なことこの上ない。

このシャープペンシルの実用レベルのものを初めてつくったのも、大日本帝国時代の日本人である。

発明者は**早川徳次**、日本を代表する家電メーカー、**シャープの創業者**だ。

早川徳次は、明治26（1893）年に東京日本橋の職人の家に生まれた。

父の政吉は、ちゃぶ台などの製造販売業を家業としていた。母・花子の実家は麹町で袋物問屋を営み、大名に公金のご用達をしていたような立派な商家だった。

しかし、徳次はこの両親から育てられることはなく、不遇な幼少期を送る。

明治28（1895）年、徳次は満2歳の誕生日の1ヶ月前に、母親が病気がちだという理由で、生家に出入りしていた肥料業を営む出野家

■早川徳次
（1893～1980）
総合家電メーカー、シャープの創業者。金属細工業で奉公して金属加工を学び、独立後にシャープペンシルの原型となる「エバー・レディ・シャープペンシル」を発明。関東大震災で被災し、大きな被害を受けたが、鉱石ラジオの製造販売で復活。日本を代表する総合家電メーカー「シャープ」の礎を築いた。
（写真提供：時事通信）

に養子に出された。

出野家は貧しいうえに、徳次に冷たかった。養子に出されてから2年後、養母が急死すると出野家は後妻を迎えた。

その後妻が徳次に厳しく当たったのだ。

明治33（1900）年、徳次は小学校に入学したが、学校から帰ると継母に命じられ、毎晩遅くまでマッチ箱貼りの内職をした。学校にも次第に通わせてもらえなくなり、結局、**2年で中退**してしまった。

そうした境遇を見かねて、近所の人が年季奉公の世話をしてくれた。徳次を受け入れたのは、東京の本所（現・墨田区）にあった錺屋（金属細工業）の坂田芳松だった。

坂田は徳次の腕を見込んで重宝した。徳次もそれに応えるように熱心に働き、金属細工の技

術を吸収していった。

徳次は細工の技術だけでなく、発明家としての才能も早くから発揮していた。それがよく現れているのが、明治45（1912）年に考案した穴を空けずにベルトが締められる**バックル「徳《とく》尾《び》錠《じょう》」**だろう。

徳次はほかにも、洋傘の付属品金具の石突きに文様を入れる方法なども実用化させている。

職人の技術が生んだシャープペンシル

同じ年の9月、徳尾錠の大口注文をきっかけに、徳次は本所の松井町に民家を借り、金属加工業者として独立した。

翌年には**水道自在器（蛇口）**も発明。徳尾錠と水道自在器の2つのヒット商品により、業績は拡大し、事業は一気に軌道に乗った。

そんな中、徳次に新たな転機が訪れる。

大正4（1915）年、徳次の工場に**繰出鉛筆の内部部品を製造してほしい**という依頼が舞い込んできたのである。

繰出鉛筆というのは、その名の通り、芯を機械的に繰り出す筆記具のことで、シャープペンシルの原型とでもいえるようなものである。

部品を製造する中、繰出鉛筆の構造を理解した徳次は、その改良型の製作を始める。

当時の繰り出し鉛筆は、重要な部品が複数の金具を組み合わせて作られているなど、**構造が複雑で故障が多く、実用的とはいえなかった。**

徳次はそれらの部品を1枚板の真鍮を加工して作り欠点を克服すると、繰出鉛筆にさらなる

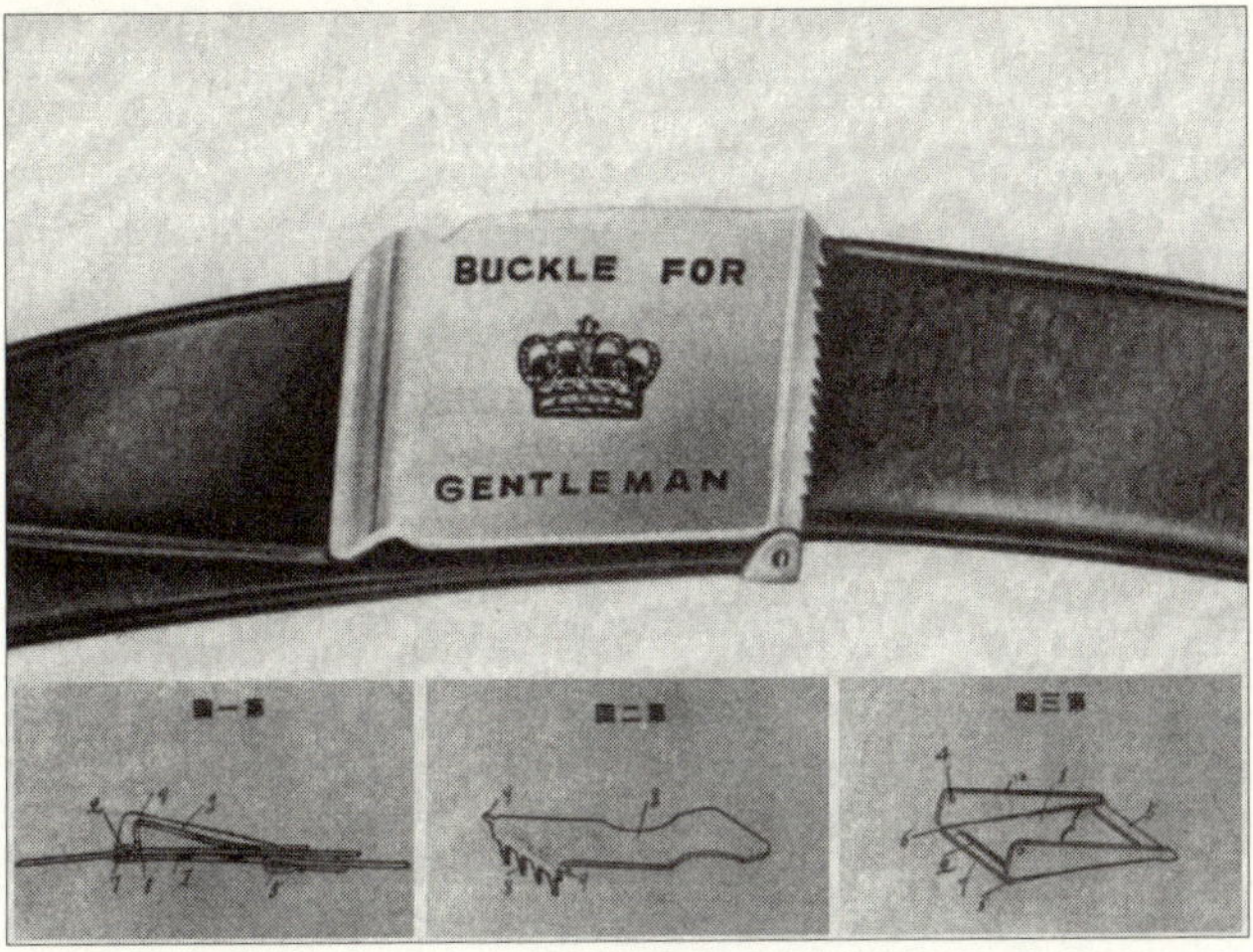

明治45年に考案されたベルトバックル「徳尾錠」。この画期的なバックルは大ヒットし、独立の契機となった。（早川電機工業株式会社『アイデアの50年』より）

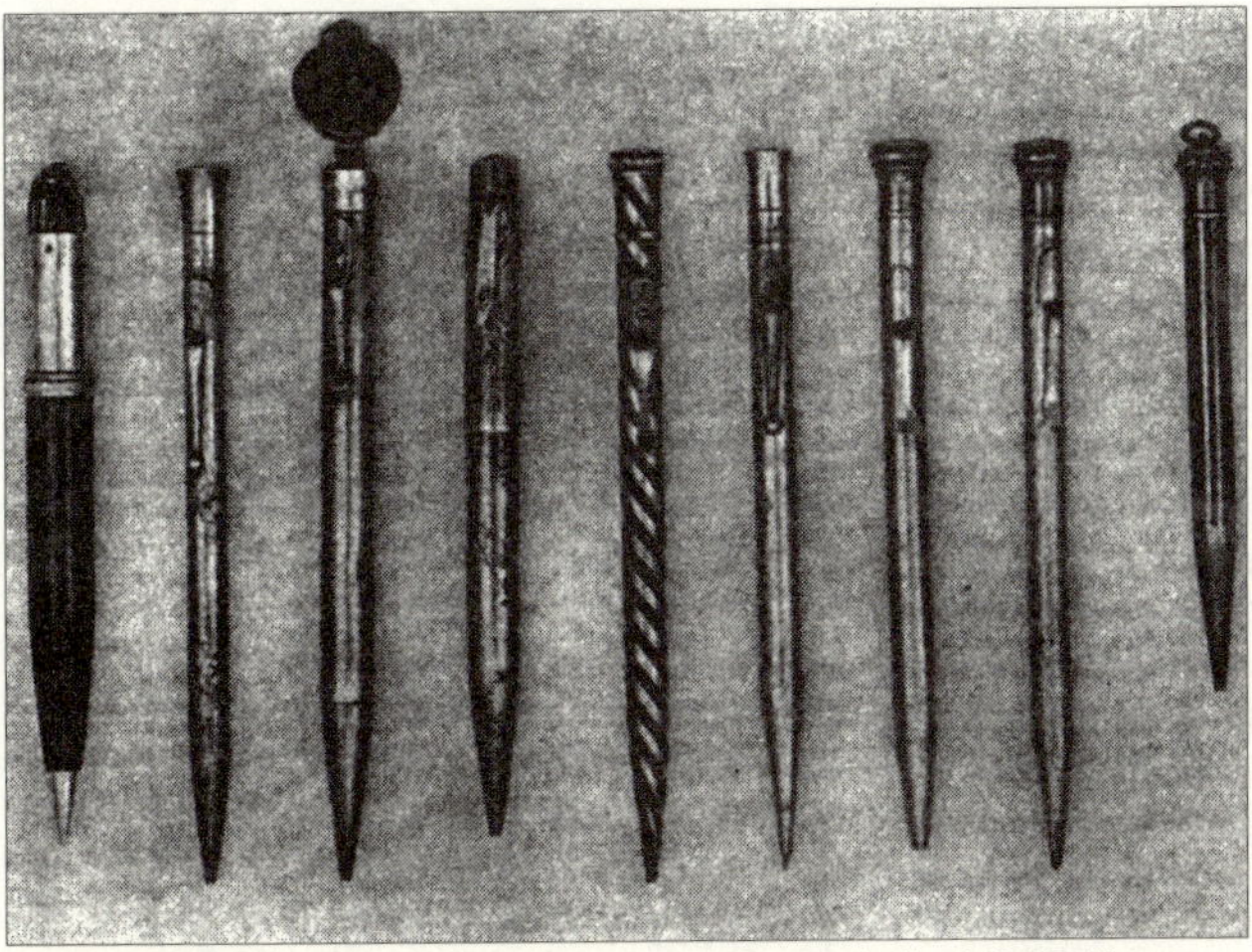

早川徳次が発明した「エバー・レディ・シャープ・ペンシル」。方位磁石付きのペンなど様々な種類があった。（早川電機工業株式会社『アイデアの50年』より）

改良を加えていった。
それまでの繰出鉛筆は、出した芯は指などで押さえないと元に戻すことはできなかった。徳次はそれを繰り出し用のネジを逆に回転させると自動で芯が納まる仕組みにした。また芯を最大限まで繰り出すと自然に外れてとれるように工夫した。そうして現代のシャープペンシルにつながる**早川式繰出鉛筆が誕生**したのである。

関東大震災で被災も不屈の闘志で復活

この発明を契機に、徳次は生き別れになっていた兄の政治とともに、早川兄弟商会金属文具製作所を設立する。

しかし、早川繰出式鉛筆は思ったようには売れなかった。徳次らはそれでも粘り強く販売を続けた。

すると思わぬところで火が点く。海外に輸出された徳次の繰出鉛筆が、第一次世界大戦でモノが少なくなってた**ヨーロッパで流行**。その評判を知った**三越や白木屋、松坂屋などの百貨店から大口の注文が入るようになった**のである。

徳次は繰出鉛筆にさらなる改良を加え、「**エバー・レディ・シャープペンシル（先端が常に尖っている鉛筆）**」と名付け、アメリカなど諸外国で特許を取得。数年後に名称を「**シャープペンシル**」に改めた。

シャープペンシルの大ヒットを受け、早川兄弟商会は工場を拡張。当時珍しかった流れ作業を取り入れるなど、効率的に製産できる態勢を作り上げた。業績は右肩上がりで、２００名も

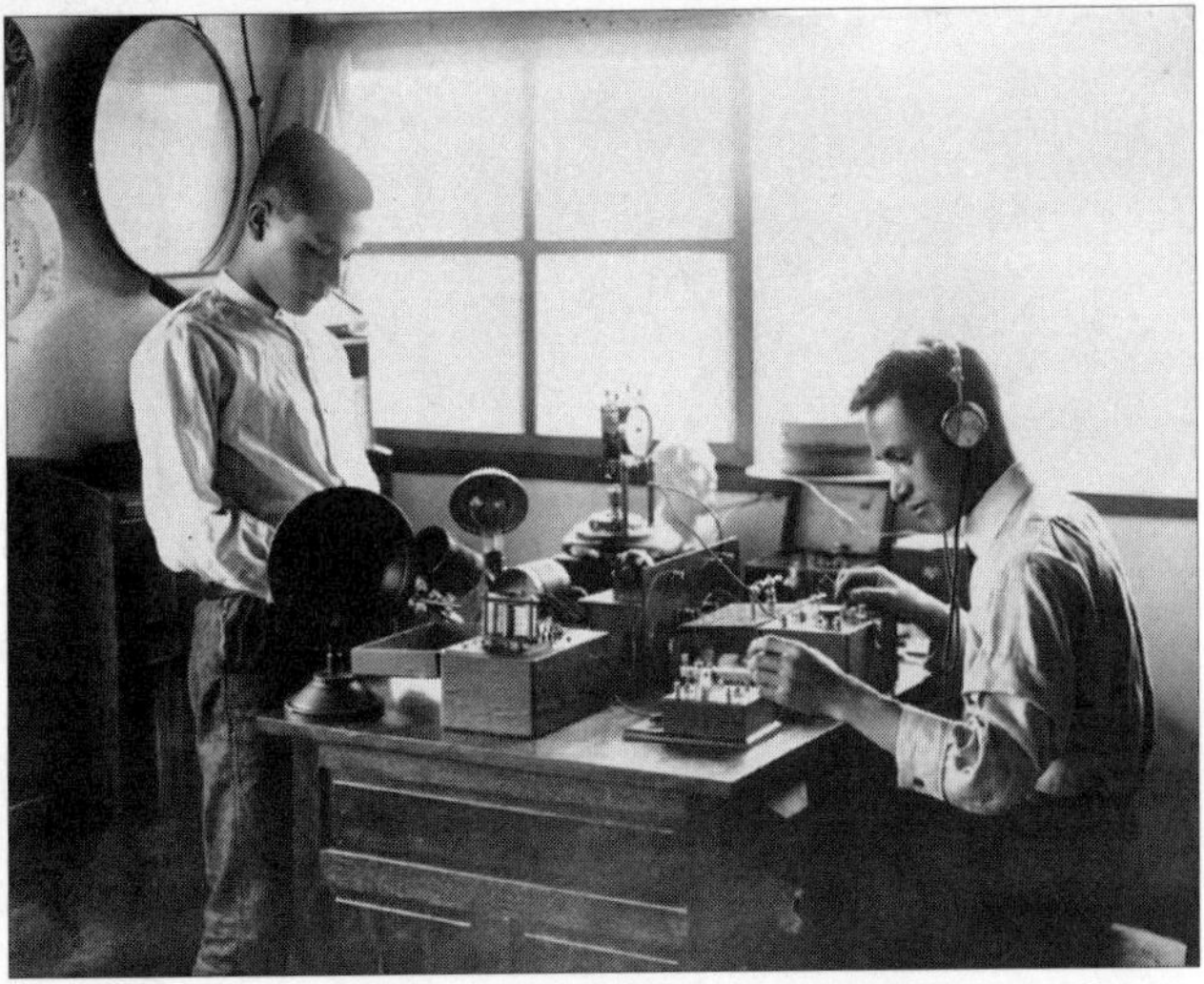

鉱石ラジオをテストする早川徳次（右）。国産第一号の早川電機の鉱石ラジオは大ヒットし、会社を一気に成長させた。（早川電機工業株式会社『アイデアの 50 年』より）

の社員を雇うまでになった。

しかし、そんな矢先に徳次を不幸が襲う。関東大震災で工場が被災、妻と2人の子どもを失い、シャープペンシルのすべての特許も借金返済のために手放さざるを得なくなったのだ。

しかし、それでめげる徳次ではなかった。

徳次は新たに早川電機を創業すると、**国産第一号の鉱石ラジオ製造で大躍進**を遂げる。そして早川電機を戦前の時点で国内有数の電機メーカーになるまでに成長させた。

早川電機は昭和45（1970）年に社名を変えて、シャープになった。

不遇だった幼少期を経て、アイディアを磨き、努力を重ねて日本を代表する企業家となった早川徳次。その波瀾万丈な生き様は、日本の発明史の中でもひときわ輝いている。

第一章　産業を変えた科学技術の発明

クレパスの発明

現在も使い続けられる戦前の発明品

本書ではこれまで戦前の日本で発明されたものを紹介してきた。

それらの多くは時代に応じて改良され、あるいはカタチが変わり、現代に受け継がれているが、中には１００年以上も前に発明されたにもかかわらず、発明当時の姿で今でも使われ続けているものもある。

その代表的なものが、ここで紹介する**クレパス**である。

クレパスとは、画材の一種で、棒状の絵の具のことを指す。特別な道具を必要とせず、手軽に絵を描くことができるため、小学校の図工の授業などで教材として使われることも多い。

最近ではクレヨンの中にはクレパスに近い材料を使っているものも増えてきたため、クレヨンとクレパスが混同されることがある。

しかし、もとをたどると両者はまったく違うものである。

クレヨンはもともとヨーロッパで開発されたもので、顔料をロウなどで固めたものだった。

18世紀末に海外で製造されたアンティーククレヨン。山本鼎の「自由画教育運動」などの影響で、日本でも急速に普及していった。

クレパスは戦前の日本企業が、**クレヨンの不備を解消し、新たにパステル（画材の一種）の特徴を加えた独自の発明品**である。

どのようにしてクレパスが誕生したのか、その発明物語を見てみよう。

芸術家の理想が生んだ新しく自由な画材

クレパスの発明には、ひとりの日本人芸術家が深く関わっている。

その芸術家とは、**山本鼎**《かなえ》。明治から昭和にかけて活躍した版画家・洋画家である。

山本は版画工房の職工から東京藝術大学を経て版画家に転身した人物で、フランスに留学するなど、豊富な国際経験を持つ人物だった。

フランスからの帰途、ロシアに立ち寄った山本はそこで児童画の展覧会を鑑賞する機会を得る。そこで観たロシアの子どもたちのノビノビとした自由な絵に感銘を受けた山本は、大正5（1916）年に帰国すると、**「自由画教育運動」**という芸術運動を始める。

当時の日本の教育では、絵はお手本を正しく模写できればできるほど評価された。山本はそのことに異を唱え、**子どもには型にとらわれず、自由な発想で絵を描かせるべきだ**と主張したのだ。

この山本の主張は、民主主義・自由主義の高まり（「大正デモクラシー」）もあって多くの賛同を集めた。それとともに急速に広まったのが、外国からきたクレヨンだった。

しかし、当時のクレヨンは非常に固く、鉛筆のような線画は得意だが、色を塗ることには向かなかった。色を塗ることに関しては、パステル（粉末状の顔料を糊などで固めたもの）が向いていたが、描いた後で定着剤を塗布する必要があるなど手間がかかった。

もっと自由に子どもたちが表現できる画材はないものか。そう考えた山本は、クレヨンの製造・販売を手がけていた**「桜クレイヨン商会」**に相談を持ちかける。

相談を受けた「桜クレイヨン商会」は、クレヨンに変わる新しい画材の開発を始めた。

目標としたのは、クレヨンのように手軽で、パステルのように豊かな色彩表現ができるものだった。

当時のクレヨンは、顔料を固めるのに固形ワックスを使用していた。そこで桜クレイヨン

発売当初のクレパス。「クレパス」は株式会社サクラクレパスの登録商標である。（株式会社サクラクレパス『サクラクレパスの七十年』より）

商会は固さを解消するために油脂類で固めるという方法を思いつく。

これが見事に当たった。新開発の画材は**適度に柔らかさがあり、クレヨンのように描け、パステルのように塗れた**。それでいて定着剤を使う必要がなく、画用紙に色を定着させることができたのである。

大正14（1925）年、完成した新画材は「クレヨン」と「パステル」の長所を備えていることから**「クレパス」と名付けられた**。クレパスは大ヒットし、日本はもちろん、世界の芸術家にも愛用されるようになった。

桜クレイヨン商会は一度の社名変更を経て、昭和45（1970）年に**「株式会社サクラクレパス」**に改称。昭和48年には図工の授業でお馴染みの「クーピーペンシル」も開発している。

フェライトの発明

あらゆる電子機器が使用する重要部品

戦前の日本で発明されたものの中には、世界の研究者を驚かせたものがいくつもある。

その中でもとりわけ高い評価を受け、現在でもその技術が用いられているものを選ぶとするならば、やはり「**フェライト（磁性材料）**」の名前が挙がるだろう。

フェライトは、酸化鉄の粉末にニッケルやマンガンなどを加えて焼き固めた**電子部品（磁性部品）**のことである。

フェライトは磁界を帯びると磁石になる性質があり、高い電気抵抗を有するため、現在、**様々な電子機器の重要部品として使用**されている。ためしに使用されているモノの例を挙げてみると、自動車のモーター、コピー機、レーザープリンター、テレビ、パソコン、ハードディスク、スピーカーなどなど、フェライトを使っていないものを探すのが難しいほどだ。

フェライトが製品化されるまで、磁石といえば、鉄をもとにした永久磁石か、コイルを巻いた磁性体（電磁石）が主流だった。

様々な電子機器に使用されているフェライト（写真右のコイル状のもの）。現代社会において、欠くことができない部品である（©wdwd）。

安価に製造でき、優れた性能があり、しかも用途に応じて自在に形作れるフェライトの発明は、**科学界のみならず、産業界にも大きなインパクトを与えるものだった**。

そんなフェライトを発明したのは、東京工業大学の**加藤与五郎博士と武井武博士**である。発明は昭和5（1930）年、それは意外にも偶然から生まれたものだった。

一流の師に出会い、一流の研究者となる

フェライトの発明者のひとり、武井武は明治32（1899）年、与野市大戸（現・埼玉県さいたま市）に生まれた。

幼い頃から科学に強い興味を示し、小学生の

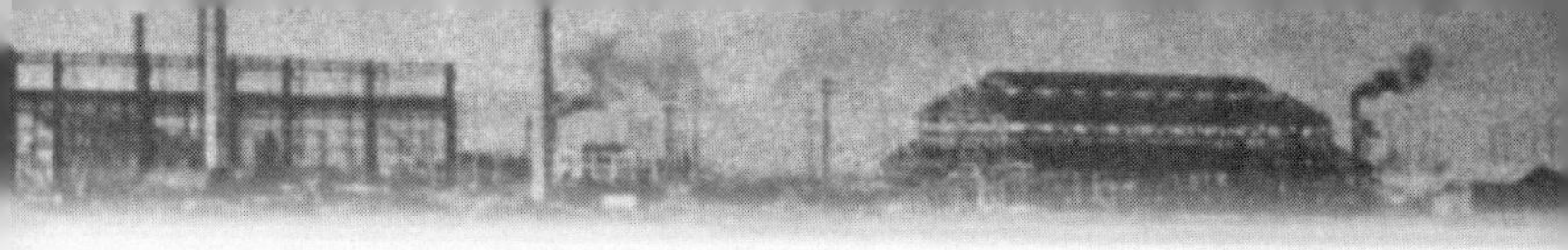

頃には顕微鏡を自作、中学に上がると器具を揃えて自宅で科学実験をするような子どもだったという。

大正6（1917）年、旧制中学を卒業した武井は、東京高等工業学校（現・東京工業大学）の電気化学科に入学。そこで生涯の師となる加藤与五郎に出会う。

加藤は当時の日本における化学分野の第一人者で、**300近くもの特許を取得**するという非常に優れた研究者だった。武井はそんな加藤の薫陶を受けて、研究者の道を歩み出したのだ。

卒業後、一度は就職した武井だったが、加藤の勧めもあって東北帝国大学に進学。武井は研究者として着実に力をつけていった。

そして昭和4（1929）年、大学を卒業し、東北帝大の金属材料研究所で助手として働いていた武井に加藤が声をかける。

その年、母校の東京高等工業学校は大学に昇格し、新たに東京工業大学になっていた。そこで加藤のもと、助教授として研究をしないかというのである。

武井は加藤の誘いを快諾、そして師弟による二人三脚の研究が始まったのである。

偶然から生まれた偉大な発見

助教授として母校に戻った武井は、加藤から亜鉛を精錬する際にできる不純物から再び亜鉛を取り出す、という研究テーマを与えられる。

研究を進める中、武井は偶然、その不純物が磁性を帯びていることに気がつく。

フェライトを発明した、加藤与五郎博士（左）と武井武博士（東京工業大学博物館蔵）

この不純物は**亜鉛フェライト**と呼ばれるもので、**酸化鉄と亜鉛などの混合物**だった。

当時はまだフェライトに関する研究はほとんどなかった。そこで武井は基礎から始めるために、酸化鉄と様々な無機物を合成してフェライトを作り、磁性を測定していくことにした。

そんなある日、偶然から大きな発見が生まれる。前日に実験をしてそのまま放置していた測定器に通電したところ、**測定器の中の試料が強力な磁力を示した**のだ。

詳しく調べてみると、この試料は当時存在していたどの磁石よりも保磁力が大きいことが判明した。加藤と武井はこの発見をもとに、フェライト磁石の開発に取り組み始めた。

実験では、まず亜鉄酸コバルトの粉末を様々な条件で燃やして固めてみた。しかし、その磁

力は当時の強力実用磁石には及ばない。武井は試行錯誤を繰り返し、研究を重ねていった。
そして何度も失敗を積み重ねた結果、昭和5（1930）年、ついにフェライトを発明したのである。

日本の工業化のさきがけとなったフェライト

加藤と武井は特許を出願すると（特許取得は昭和7年）、企業から研究費を受けてフェライトの研究を続けた。しかし、思うような成果はなかなか上がらなかった。

そんな時、加藤のもとに**斉藤憲三**という男が面会にくる。斉藤は秋田県の貧しい農村の出身で、一度は東京で就職するも帰郷し、農村に産業を根づかせるために腐心していた。

「これからの日本は重工業と軽工業のどちらに重点をおくべきか」

面会の中で、斉藤は加藤に尋ねた。

「いまの日本に工業は存在しない」

帰ってきた答えは意外なものだった。当時の日本は欧米の技術の模倣ばかりだった。**自国で生まれた技術を工業化できなければ、日本の産業に未来がないことを説いた**のである。

この答えを聞いて、斉藤は深い感銘を受けた。そしてなにか工業化できるものはないかと加藤に尋ねた。加藤が見せたのはまだ研究途中で、用途も定まっていないフェライトだった。

斉藤はフェライトの研究の企業化を申し出た。そして資金を集めると、昭和10（1935）年に**東京電気化学工業株式会社（現・TDK株**

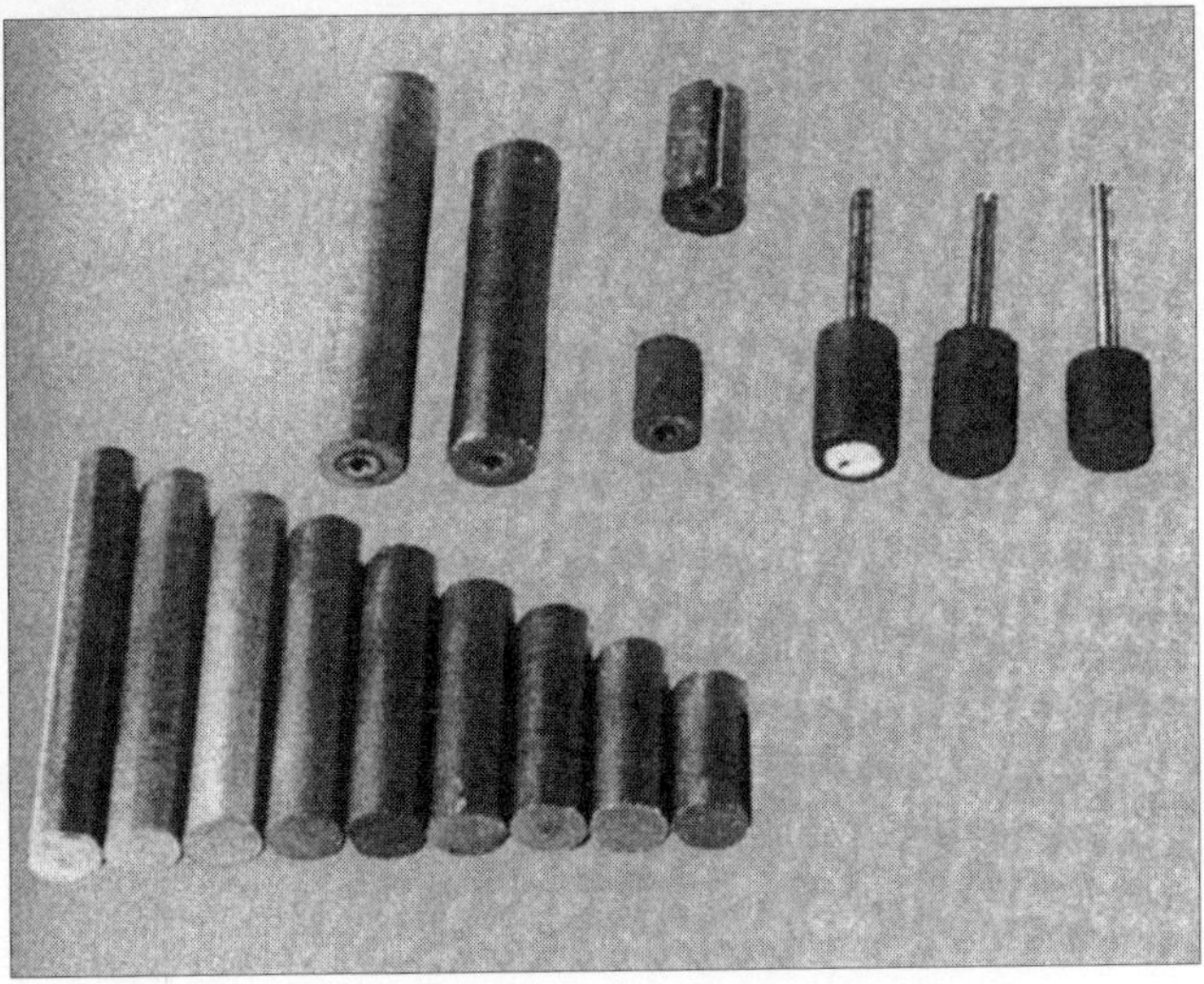

初期のフェライトコア（TDK 株式会社『TDK60 年史』より）

式会社）を設立した。

斉藤の後押しもあり、フェライトの研究は飛躍的に進んだ。そして創業から2年後、ついに**世界初のフェライトコア（磁心）の製造に着手**する。フェライトという日本独自の技術がついに工業化されたのである。

フェライトはその後も様々な発展を遂げていき、世界中で使用されるまでになった。

２００９年5月、ＴＤＫ株式会社と東京工業大学は、フェライトの発明とその工業化の功績が讃えられ、ＩＥＥＥ（アメリカに本部がある電子・電気工学の学会）から**「ＩＥＥＥマイルストーン」に認定**された。ＩＥＥＥマイルストーンは電子・電気工学の世界的な偉業に贈られる賞で、日本では八木アンテナなどに続き、史上10例目の快挙だった。

クォーツ（水晶振動子）の実用化

戦前の電気工学者の世界的な発明

私たちが普段使っている多くの電子機器には、**クオーツ（水晶振動子）**と呼ばれる小さな部品が使われている。

クオーツ時計（水晶時計）はよく知られているが、そのほかにもデジタルカメラやラジオ、レーダー、携帯電話など、その用途は幅広い。

デジタル機器の基礎となる〝水晶振動子〟の実用化に大きく貢献したのは、大日本帝国時代の電気工学者、**古賀逸策**という人物である。

古賀は明治32（1899）年、佐賀県三養基郡田代村（現・佐賀県鳥栖市）に7人兄弟の長男として生まれた。

小学生時代は九州鉄道に勤めていた父の転勤のため何度も転校を経験し、県立熊本中学校、旧制第五高等学校予科に入学。大正9（1920）年、東京帝国大学工学部電気工学科に入学した。

古賀はそこで優秀な電気工学者である鯨井恒太郎教授と出会い、指導を受けた。

大学院に進んだ古賀は、鯨井教授から水晶振

現在、様々な電子機器に使用されている水晶振動子（写真中央）。機器を正確に動かすために電気信号を送り出す重要な部品だ。

動子の研究を持ちかけられる。

水晶振動子は、当時、世界中の学者たちが注目していた技術だった。

さっそく水晶振動子の研究をはじめた古賀だったが、実験はなかなか思うようには進まなかった。

実験には一定方向に薄く切った水晶が必要だったが、水晶を切り出すには宝石細工店に注文しなければならなかった。水晶の切り出しにも、もちろん多くの時間がかかった。

古賀はその時間のロスをなくすために、**自ら水晶を切り出す方法を研究**した。そして従来の宝石細工店のやり方では5～6センチの水晶を切断するのに2日ほどかかっていたのを、**わずか15分で切断できるまでに短縮**させた。

さらに、古賀は山梨県甲府市の水晶加工師に

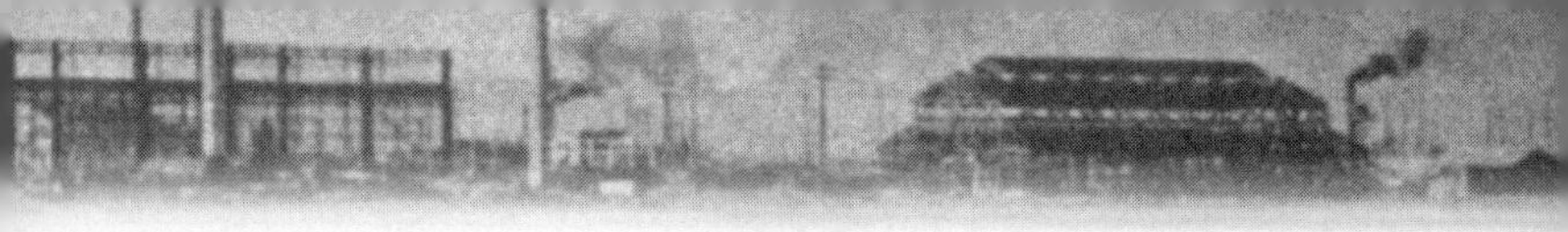

自ら弟子入りして、水晶の研磨技術を学んだ。

そうして伝統的な技術を取り入れると、偏光器、X線分光器、マイクロメーターといった最先端の測定機器を組み合わせ、それまでよりも簡単に実験用の水晶板を作ることに成功したのである。

誤った切り出し方向が新しい観点を生む

水晶振動子の研究を進めていた古賀はある時、実験中に水晶板の振動数がいつもと違うことに気がついた。

調べてみると、問題の水晶板が普段とは異なる方向で切り出されていることがわかった。水晶の切り出しを頼んでいる実験の協力者が、どうやら方向を間違えて切ったらしかった。

当時の水晶振動子の研究では、水晶の切り出す方向には決まりがあった。

水晶と電気の関係は、明治13（1880）年に**フランスの物理学者ピエール・キュリー**らが発見している。その後、多くの学者が水晶振動子の研究に取り組んだが、水晶板の切り出す方向は自然とキュリーたちと同じ方向にしていた。古賀もそうだったのだ。

協力者のミスは、研究に新たな観点をもたらした。古賀は従来の方向で切り出した水晶板をX板、新たな方向から切り出したものをY板とし、比較してみた。

するとY板の温度係数がX板とは逆であることを発見した。つまり、**水晶板は切り出し方によって異なる性質を示す可能性がある**、という

■古賀逸策
(1899 ～ 1982)
水晶振動子の研究に取り組み、温度の影響をほとんど受けない高安定水晶振動子を発明。東京工業大学や東京大学の教授、電気通信学会の会長などを歴任。文化勲章も受章している。

右が古賀カットの模型、中央が水晶振動子、左が古賀が製作した水晶時計（東京工業大学博物館蔵）。古賀カットは現在でも世界中で使われている。

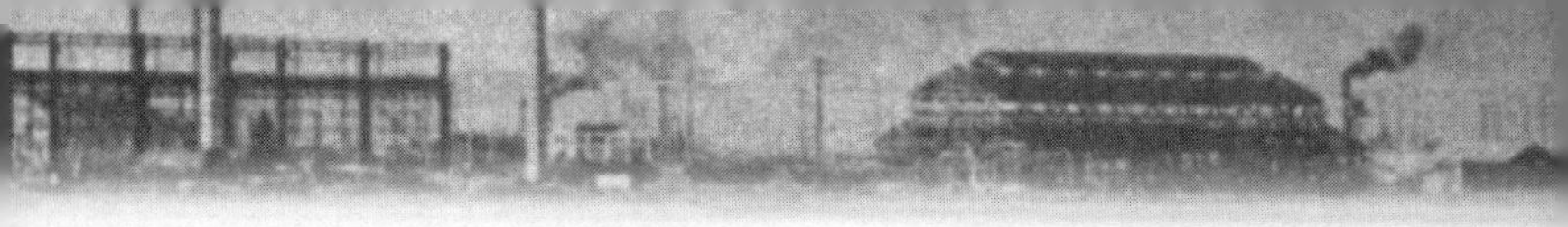

ことである。

それから古賀は水晶の様々な面を切り出しては実験を繰り返した。そしてR面（水晶の上の端が六角錐のようになっているうちの一面）に並行に切った水晶板が非常によく振動することを発見した。古賀はこの方法で切り出した水晶板をR板と名づけ、方向を変えて切り出したものをR'（アールダッシュ）板と名づけた。

温度の影響を受けない水晶振動子の発明

昭和に入って無線通信が急速に普及すると、安定した周波数を得ることができる水晶振動子の需要が一気に高まった。

だが、水晶振動子は活躍の場が増えたことで、逆にその欠点が浮き彫りになる。一定だと思われていた**水晶の発振周波数が、温度によって変わってしまう**ことがわかったのだ。

日本よりも技術が進んでいたアメリカではその欠点を克服するために、水晶振動子を**恒温槽（常に一定の温度に保つ装置）**に入れて使用していた。しかし、技術が遅れていた日本では恒温槽を作ることすらおぼつかなかった。

そうした状況の中、古賀は温度の影響を受けない水晶振動子の研究を開始する。

古賀は水晶を切り出す角度がカギを握っているのではないかと考え、まずはX板とY板の間を様々な角度で切り出してみた。しかし、どこにもそれは見つけられなかった。

そこで今度はR'板とY板の中間を切り出し、温度によって振動数が変化しない部分を探し

パリ万博に出品された古賀の水晶時計（『科学朝日』1948年6月号より）

た。そして昭和7（1932）年、古賀はついに**発振周波数の温度依存性がゼロ、あるいは限りなくゼロに近い2つの切り出し方を発見**したのである。

その角度で切り出された水晶片を「R1カット」「R2カット」と呼んだ。特に「R1カット」は**「古賀カット（ATカット）」**とも呼ばれ、現在でも広く使われている。

その後も古賀は水晶振動子の基礎研究と応用に尽力し、**「分周器（水晶時計をコントロールしやすくするデバイス）」**、水晶の断熱弾性定数の決定、精密な水晶時計の開発と応用、電子回路との組み合わせによる発振周波数の高度化など、数々の優れた成果をあげたのである。

昭和38（1963）年、その功績を称えられ、古賀は**文化勲章を授与**されている。

第一章　産業を変えた科学技術の発明

小型ディーゼルエンジンの発明

世界のエンジン史に名を残す日本人

重油や軽油を燃料とする**ディーゼルエンジン**。19世紀末にドイツの大発明家ルドルフ・ディーゼルが発明したこのエンジンは、その後も改良が続けられ、自動車や列車、船舶など様々な動力に用いられている。

そんなディーゼルエンジンの歴史に名を残す日本人がいる。

当時、誰もなしえなかった**ディーゼルエンジンの小型化に成功した山岡孫吉**（ヤンマー株式会社の創業者）である。

山岡は明治21（１８８８）年に滋賀県の農家の家に生まれた。7人兄弟の6番目だった。

幼い頃から独立心に富んでいた山岡は、小学校を卒業すると、故郷を離れて都会に出たいと考えるようになる。

明治36（１９０３）年、15歳になった山岡は家出同然に故郷を飛び出し、長兄が働いていた大阪に渡った。

山岡はそこでいくつか奉公に出た後、縁があって大阪瓦斯会社（現・大阪ガス）に入社す

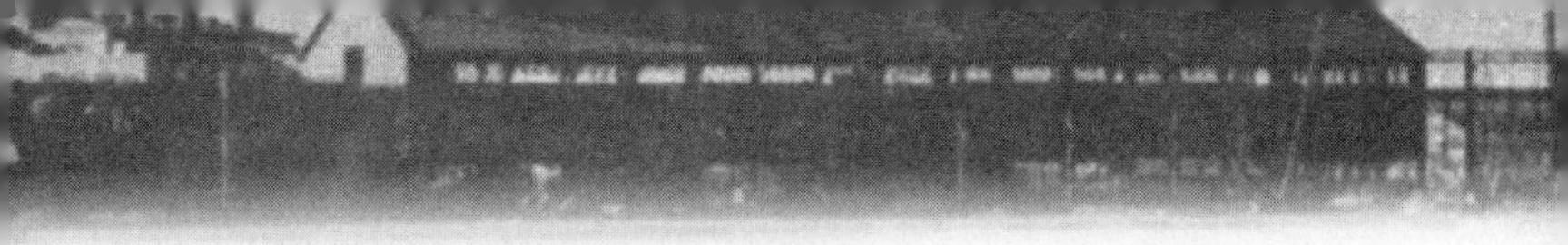

■山岡孫吉
(1888〜1962)
ヤンマー株式会社の創業者。大阪瓦斯会社で働いたことがきっかけで、エンジンに携わるようになる。ドイツの工業市でディーゼルエンジンに触れ、日本での普及を決意。1933年に世界初の小型ディーゼルエンジンの開発に成功した。(写真提供：毎日新聞社)

る。そこでガスエンジンを扱う仕事に携わり、エンジンに関する知識を身につけていった。

1年ほど経った頃、ひび割れなどで大量に破棄されたゴム管の転売で利益を得た山岡は大阪瓦斯を退社。ゴム管やガス器具の販売、ガス工事などを行う会社を立ち上げる。

明治45（1912）年には、現在のヤンマー本社がある大阪市北区茶屋に「山岡発動機工作所」というガスエンジンの修理・販売を行う小さな修理工場を設立。折からの好景気もあって、山岡はガスエンジンのブローカーとして大きな成功を収めた。

しかし、大正7（1918）年に第一次世界大戦が終結すると、それまでが嘘のように景気が悪くなる。山岡の事業もそのあおりを受けてうまくいかなくなった。

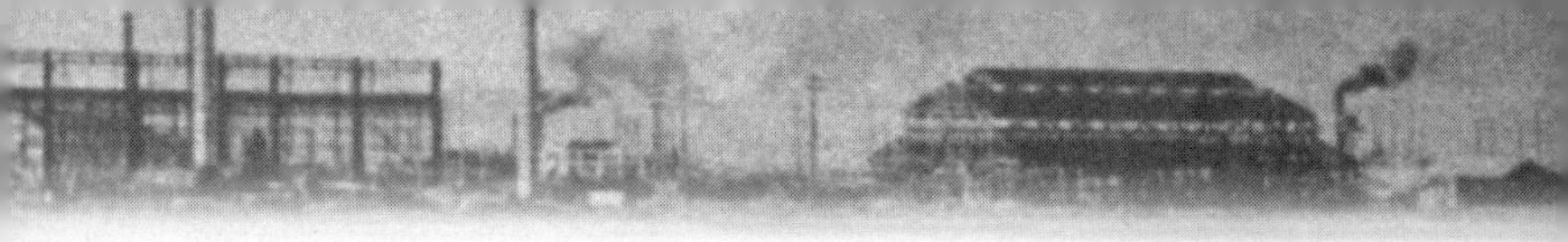

小型石油エンジンで再起を遂げる

ガスエンジンに代わる新しい商売はないか。

山岡は大阪瓦斯時代の同僚が四国でガスエンジンをガソリンエンジンに改造し、農家に売っていることを知り、視察に出かけた。

ガソリンエンジンは大きな可能性を秘めているように思えた。しかし、当時は大型で重く、使い勝手が悪かった。

それを見た山岡は、ガソリンエンジンを小型化すれば商売になると考えた。そうしてガソリンエンジンの研究を始めたのである。

大正9（1920）年、山岡は輸入品の羊毛を刈る石油エンジンを入手すると、小型化に向けて改良を重ねていった。そして数カ月後、30貫（約112キロ）ほどの重さの**丈夫な農業用三馬力石油エンジンの試作機**を完成させた。

国内初の農業エンジンを造ることに成功した山岡は、この石油エンジンに**「ヤンマー」**という商標をつけた。

山岡の石油エンジンは好評を博し、全国各地から製産が追いつかなくなるほど注文が殺到した。大正11（1922）年の春には、東京の不忍池のほとりで開かれた平和博覧会に、自社の石油エンジンを使った動力籾すり、動力精米機、水揚げポンプを出品し、大きな反響を得た。

しかし、そんな成功も長くは続かなかった。

昭和4（1929）年を過ぎると、不景気に加えて、石油エンジンの事故が相次ぎ、会社の売上は低迷する。山岡はいつしか、事業を続け

ディーゼルエンジンの発明者、ドイツのルドルフ・ディーゼル博士（写真上）と、初期のディーゼルエンジン（左）。ディーゼルエンジンは優れた長所があったが、大型のものばかりで、小型化するのが非常に難しかった。

る意欲を失っていた。

そんな折、米国帰りの知人からアメリカやヨーロッパの話を聞かされた。欧米の先端技術を見れば、気分転換になるかもしれない。そう考えた山岡は海外旅行に出かけることにした。

ディーゼルエンジンの魅力にとりつかれる

山岡はドイツに着くとライプチヒで開かれていたメッセ（見本市）に足を運んだ。

そこで山岡は人生を変える運命のモノと出会う。会場では世界初のディーゼル・エンジン・メーカーのマン社が自社のＰＲ映画を流していた。それを見た山岡は、**エンジンに対する情熱が再び湧き上がっていく**のを感じた。

ディーゼルエンジンは石油エンジンに比べて、燃費が4分の1と経済的だった。しかも安全性も高い。山岡はそんなディーゼルエンジンの魅力にとりつかれたのである。

日本でもすでに大型ディーゼルエンジンの国産化は始まっていた。昭和になると農業用や船舶用の小型ディーゼルエンジンの開発もスタートしていたが、小型化は困難を極め、日本はおろか、世界でも成功した者はまだいなかった。

小型ディーゼルエンジンを世界で最初に開発

小型ディーゼルエンジンの開発を目標に掲げた山岡は、日本に戻るとさっそく研究にとりかかった。

まずとりかかったのは、外国製の大型ディーゼルエンジンを小型化する研究だった。しかし、当時の日本の燃料は質が悪く、外国製のエンジンには合わなかった。エンジンはただ小型化するだけでなく、日本の燃料でも問題なく動くようにしなければならなかった。

開発を重ねた結果、昭和7（1932）年9月にようやく**4サイクル三馬力ディーゼルエンジンの試作品が完成**した。

実際に動かしてみると、回ることは回ったが、燃料が不完全燃焼をしているため、黒鉛で辺り一面が真っ黒になってしまった。

山岡は新たにディーゼルエンジンの構造に詳しい技師を雇い入れ、熱心に研究を続けた。

そして昭和8年12月、ついに**三馬力から五馬力まで出る小型ディーゼルエンジンを完成**させ

世界初の小型ディーゼルエンジン（HB 型）。燃費がよく、燃料費も安いこのエンジンは大ヒットする。（ヤンマー株式会社『ヤンマー 50 年小史』より）

る。これは**世界初の快挙**だった。

　従来の石油エンジンよりも燃費がよく、小型で安全性が高い山岡の小型ディーゼルエンジンは、瞬く間に話題になり、飛ぶように売れた。

　本社工場だけでは製産が追いつかなくなり、兵庫県小田郡小田村（現・尼崎市）に新工場を建設するなど、山岡の会社は大躍進を遂げた。

　その後、第二次世界大戦で空襲を受け、工場は大打撃を受けた。しかし、山岡はすぐに会社を立て直し、ヤンマーを国内有数の発動機メーカーにまで成長させた。

　昭和30（1955）年4月、世界で初めて小型ディーゼルエンジンを開発した功績を讃えられ、山岡は**ドイツ発明者協会からディーゼル金賞牌を贈られた**。ドイツ発明者協会がこの賞を自国民以外に贈るのは、初めてのことだった。

真珠の養殖法の発明

うどん屋から真珠貝の養殖業に転進

世界中の女性が憧れる真珠。

この**真珠を世界で初めて養殖することに成功**したのも、戦前の日本人である。

養殖真珠を発明したのは、**御木本《みきもと》幸吉《こうきち》**。現在では真珠だけでなく、宝飾品や化粧品でも有名なミキモト・ブランドの創設者である。

幸吉は安政５（１８５８）年、現在の三重県鳥羽市で代々続くうどん屋の長男として生まれた。商売人だった祖父などの影響を受け、幸吉は幼い頃から商才を発揮し、市中で野菜を売り歩いたり、鳥羽港にくる外国船に卵を売り込んだり、18歳で米穀商をはじめたりした。

20歳になると、父の許しを得て上京し、東京や横浜などを見て回った。見るものすべてが新鮮だったが、とくに幸吉が驚いたのが、横浜で見た海産物の売買だった。

そこではアワビやナマコといった日本の海産物が中国人などに高く買われていた。なかでも真珠は非常に人気があり、大粒のものには驚くような値段がつけられていた。

■御木本幸吉
（1858〜1954）
代々続くうどん屋に生まれ、後に海産物商に転身。絶滅に瀕していた真珠貝の養殖から、真珠そのものの養殖に挑み、世界初の真珠の養殖法を発明。ブランディングも巧みで、御木本真珠は世界に進出。戦前の日本の外貨獲得に貢献した。（写真は栗原登『子供のための発明発見家物語』文化書房より）

アワビや真珠は**地元志摩の特産品**である。これは商売になると考えた幸吉は、地元に帰るとうどん屋の傍ら、海産物を中国人などに売る新しい事業を始めた。

事業は軌道に乗り、幸吉は地元の名士のひとりに数えられるまでになった。

しかし、気がかりなことがひとつあった。

それは真珠をつくる**アコヤ貝の減少**である。

真珠は貝の内側に入り込んだ石などの異物が、排出されずに留まり、真珠層と呼ばれる分泌液に包まれることによってつくられる。

真珠をつくる貝には、アコヤ貝の他、アワビやカラス貝などがあるが、自然に真珠ができる確率は低く、**1000個のアコヤ貝を開けて、ひとつ見つかるかどうか**だった。

そのため、アコヤ貝は全国的に乱獲され、極めて少なくなっていた。志摩も例外ではなく、絶滅の危機に瀕していたのである。

そうした状況を知り、幸吉は**アコヤ貝の養殖**を考えるようになる。アコヤ貝を養殖で増やすことができれば、自然の個体数を減らさず、真珠を確保できるからである。

明治21（1888）年、30歳になった幸吉は神明浦の一画を借り、アコヤ貝の養殖に乗り出した。レンガや瓦を海中に没し、稚貝がつくのを待つ。そして充分に育った頃合いを見て、貝を引き上げてみた。が、真珠はほとんど見つからない。このやり方では真珠が自然にできるのを待っているのと同じだったからである。

真珠を安定して得るには、貝が確実に真珠をつくる方法を発見する必要があった。

幸吉は海洋生物の権威である、東京帝国大学の箕作佳吉教授を訪ねた。教授は真珠ができるメカニズムを説明すると、人為的に貝の中に異物を入れ、それが排出されないようにできれば理論上は養殖真珠はできると答えた。

幸吉は鳥羽に戻ると、新たに鳥羽湾内の無人島・相島（現・ミキモト真珠島）に実験場をつくり、養殖真珠の研究にとりかかった。

ガラス製の南京玉や陶器のかけら、サンゴのクズ、貝殻などを丸くしたものを貝の中に入れて海中に沈め、数ヶ月後に引き上げて真珠ができているかを確かめる。地道な作業が続いた。

苦労を重ねて半円真珠の養殖に成功

実験を開始してから2年が経った時、大きな

大正時代の真珠貝の挿核作業の風景。真珠貝の中に真珠の核となる異物を手作業で挿入していく。（株式会社ミキモト『御木本真珠発明100年史』より）

苦難が幸吉を襲う。明治25（1892）年11月、英虞湾で赤潮が大発生し、神明浦で養殖していたアコヤ貝が全滅したのである。

大いに落胆した幸吉だったが、相島の養殖場のアコヤ貝は無事だった。そして8ヶ月後、その**生き残ったアコヤ貝が奇跡を起こす**。貝を開けてみたところ、その中から**5個の半円真珠が見つかった**。これまで誰も成し得なかった真珠の養殖に成功していたのである。

幸吉は箕作教授の支援を受けて、半円真珠の特許を明治29（1896）年に取得。他の事業を畳み、真珠養殖に専念するようになった。

真珠の養殖法が確立したことにより、採取できる真珠の数は飛躍的に増えていった。

あとは、どのようにしてその真珠を売っていくかである。

幸吉は自社の真珠をアピールするために、皇族や海外の王族などに真珠を贈呈。国内外の博覧会に積極的に出品するなどして、養殖真珠の周知を図った。

品質管理にも細心の注意を払い、粗悪品は絶対に売らなかった。品質の悪い真珠を売れば、養殖真珠そのものの評判を下げることになるからである。

明治32年には東京銀座に御木本真珠店を出店、幸吉の養殖真珠は成功を収めた。

しかし、幸吉にはまだやり残したことがあった。それは**真円真珠の養殖**である。

当時作れたのは、半円形の真珠だった。特別な価値のある、丸い真円真珠を養殖でつくることは悲願だったのだ。

そんな中、幸吉のもとで研究をしていた歯科医の桑原乙吉が新しい方法を考案する。

真珠貝には、真珠のもとになる液を分泌する外套膜があった。桑原が考案したのは、それを切除し、真珠の核となる物質を包んで、再び別の真珠貝に入れるという方法だった。

幸吉はこの方法を取り入れ、さっそく実験を開始した。しかし、明治38（１９０５）年、幸吉は再び赤潮に襲われる。今度の被害は甚大で、養殖していた**真珠貝１００万個のうち、85万個が死んでしまった**。

落胆した幸吉は研究室にこもり、死んだ貝を黙々と開いていった。すると、中には思いもしないものが入っていた。**死んだ貝が丸く、大粒の真円真珠を宿していた**のである。

この一件を機に、真円真珠の養殖技術は年々発展していった。安価で高品質な養殖真円真珠

養殖法が確立したことで、真円真珠を安定して確保することが可能になった。右写真は真珠の採取風景。当時は、6年ほどで真珠ができあがったという。

養殖に使う金網カゴの中には、およそ100個の貝が入っている。年に数回陸揚げして、発育を妨げるフジツボやホヤなどを取り除く作業を行う。（両写真ともに間々田隆『養殖真珠の発明者御木本幸吉』日本出版社より）

は世界で歓迎された。幸吉の真円真珠は**〝ミキモトパール〞**と呼ばれ、**戦前の日本を支える有力な輸出品として、世界中に広まっていった**のである。

その後も幸吉は養殖真珠の普及に力を注いだ。第二次世界大戦が始まると輸出の道を絶たれ、会社の危機を迎えたこともあった。しかし、幸吉は辛抱強く耐え抜き、戦後、輸出が再開されると、さらに世界に真珠を売っていった。

明治38年、幸吉は伊勢神宮を行幸した明治天皇に謁見した際、こう言ったという。

「世界中の女性の首を真珠でしめてごらんにいれます」

かつて真珠は、ごく一部の豊かな者しか手にすることができないものだった。真珠を世界中の女性に届けた幸吉の功績は大きい。

第一章　産業を変えた科学技術の発明

自動織機の発明

大工の家に生まれた天才発明家

戦前の日本では、紡績業が重要な輸出産業で世界的なシェアを誇り、イギリスとの間で貿易摩擦を起こすまでになっていた。

その紡績業において、大きな役割を果たした発明がある。

それは、「**自動織機**《じどうしょっき》」である。

この自動織機を開発したのは、実は**あの〝トヨタ〟の前身**なのである。

現在のトヨタというと、言わずと知れた日本最大の自動車メーカーであり、日本最大の輸出企業。このトヨタは、戦前の日本の輸出を支えてもいたのだ。

トヨタの創業者は、**豊田佐吉**という人物である。**日本の十大発明家の一人に挙げられている伝説の発明家**だ。

豊田佐吉は、慶応3（1867）年に静岡県の大工の家に生まれた。少年時代から機械好きだった。彼の家は、貧しくはなかったが、裕福でもなく、小学校を卒業すると、父の仕事を手伝うようになった。

■豊田佐吉
（1867 ～ 1930）
静岡県出身の企業家・発明家。G型自動織機など、生涯で30を超える実用特許を取得。海外進出にも意欲的に取り組み、世界のトヨタの基礎を作った。

18歳のとき、専売特許条例が公布され、日本に近代的な特許制度が導入される。この話を知った佐吉は、「世の中に役立つ発明をしたい」と新しい織機の研究をする。

当時、東京上野で開催されていた内国勧業博覧会の機械のほとんどが外国製であったことも、彼を奮い立たせた。

佐吉は青年時代は、何度も家出や出奔を繰り返すなど、悩み多き青年でもあった。しかし、その放浪は人一倍旺盛な、向上心、研究心のなせるものでもあった。

明治24（1891）年には、当時主流だったバッタン織機の生産効率を大幅に向上させた**木製人力織機をつくり**、**最初の特許を取得**した。

明治27年には、さらに効率がよく操作が簡単な**糸繰返機《かせくりき》を発明**、これは商品としても成功を

収めた。

明治32（1899）年には、三井物産が設立した織機製造販売の井桁商会に技師長として招かれる。しかし、明治35年には、その職を辞し、名古屋に豊田商会を設立した。

世界のトヨタにつながる積極的な海外進出

佐吉は明治36（1903）年には、自動織機をつくっている。

自動織機というのは、材料の糸が切れた時に自動的に補充する機能がついた織機のことである。当時、すでにイギリスなどでも作られていたが、操作が複雑な上に故障が多く、あまり実用的ではなかった。

佐吉は、これを自分なりに改良したものを製作したのだ。佐吉の自動織機は**操作が簡単で故障が少なく、作業能率を飛躍的に高めた**。

佐吉は、さらに製品の向上を目指して、欧米を視察。ニューヨークでは、タカジアスターゼの発見で有名な高峰譲吉博士（142ページ）とも会っている。佐吉は欧米の技術を会得しつつも、自身のつくった自動織機が世界的に優秀なものであることを確信したという。

大正13年（1924）年には、完全な無停止**杼換《ひがえ》式豊田自動織機（G型）を完成**させる。

このG型自動織機は、布を織るスピードを落とさずに、糸が自動補充されるなど、世界的に見ても画期的なものだった。紡織機業の世界的メーカーだった英国のプラット社は、当時の金額で100万円という高額で製造ライセンスを

豊田佐吉が発明した無停止杼換式自動織機（G型）。イギリスの織機製造会社が高額で製造ライセンスを取得するなど優れた性能があった。（©Morio）

獲得している。

この豊田佐吉がつくったG型自動織機により、日本の紡績業は急激に躍進したのである。

豊田の自動織機は、**日本のみならず中国やインドにも輸出**された。メイドインジャパンの機械輸出の走りといえるだろう。

大正9（1920）年には、上海に工場を建設するなど、海外進出企業の嚆矢ともなった。

大正15年には、佐吉の事業を再編成する形で、佐吉の婿養子、豊田利三郎が豊田自動織機製作所を設立した。佐吉は、昭和5（1930）年、肺炎のために63歳で死去。豊田自動織機は、佐吉の死後、昭和8年に、**自動車部を設置し自動車製造を開始**した。

これが、世界に冠たる〝トヨタ自動車〟の起源である。

明治30年頃の東京帝国大学・造兵学教室列品室
（小川一真編『東京帝国大学』小川写真製版所、明治33年）

【第二章】

戦争を変えた日本軍の発明

日本海海戦は科学の勝利だった

海戦の歴史を変えた日本海海戦

明治37（1904）年にはじまった日露戦争で日本の勝利を決定づけた**日本海海戦**。

日本軍の連合艦隊は明治38年5月27日未明、九州対馬沖を通るロシアのバルチック艦隊を攻撃。ほぼ全滅に近い損害を与えたのに対し、日本の艦隊はほとんど損失がなかったという、**歴史的な大勝利**だった。

だが、この海戦での勝利は決して奇跡などではなかった。

その裏側には「**科学の勝利**」**ともいえる、綿密な計算と工夫**があった。

そして、日本の東郷艦隊は、日本海海戦において、**海戦の歴史を変えるような試み**をいくつも行っていたのだ。

砲撃のみで戦艦を撃沈させた東郷艦隊

東郷艦隊の最大の特徴は、「**砲撃**」**を攻撃の中心に置いたこと**である。

日露戦争の日本海海戦で活躍した、連合艦隊旗艦の戦艦三笠。現在は防衛省が所有し、神奈川県横須賀市の三笠公園で保存されている。左上は連合艦隊大将の東郷平八郎。

艦船同士の海戦で、「砲撃」が中心になるのは当たり前のようにも思える。しかし、当時の常識ではそうではなかったのである。

日露戦争以前の海戦では、戦艦の最大の武器は**「体当たり」**とされていた。敵の戦艦にぶつかることで、衝撃を与え、撃沈するということである。

だから当時の軍艦の多くには、体当たり用の衝角があった。東郷艦隊の旗艦「三笠」にも、この衝角があった。

しかし、東郷艦隊は、衝突による攻撃を一切捨てて、砲撃による攻撃のみに専念したのである。艦隊運動などもすべて「砲撃」のために訓練し、練り上げられてきたのだ。

この日本海海戦では、東郷艦隊は有名な**「丁字戦法」**をとっている。

丁字戦法というのは、一列に並んで進んでくる敵艦隊の先頭を塞ぐような体系を取るものである。

当時の軍艦というのは、砲の多くは横向きに設置されているので、相手に対して横向きになるのが、もっとも攻撃しやすい。だから丁字戦法をとれば、自軍の艦はすべて敵艦隊に横向きになる。

そして相手の先頭艦に対して、自軍全体で集中攻撃をすることができる。**一列になった相手の艦隊を、先頭の艦から順に袋叩きにしていく**というわけだ。

実際に日本海海戦では、ロシアのバルチック艦隊は先頭から順に撃破されていっている。

この丁字戦法も、「砲撃」を攻撃の柱に置いていたから、採られたものである。

そして、東郷艦隊は実際に砲撃だけで主力艦を数多く撃沈させている。

当時の海戦の常識では、1万トンを超す鋼鉄の船を砲撃だけで撃沈するのは不可能とされていた。中世以来、海戦というのは、大砲が発達してからも、**最終的には船と船との衝突による衝撃で勝敗を決する**ことが多かった。

1万トン以上の大型軍艦が遠方からの砲撃だけで撃沈できるかは、まだ意見の分かれているところだった。

日清戦争でも、日本海軍は清国海軍に砲撃だけで勝利したが、清国の大型戦艦を撃沈させるまでにはいかなかった。そのため、当時は艦隊決戦では砲撃が有効なのか、衝突が有効なのかというのは、決着がついていなかったのだ。

しかし、東郷艦隊はロシア軍の5隻の戦艦の

日本海海戦でバルチック艦隊の旗艦を務めたクニャージ・スヴォーロフ。日本海軍相手に奮闘したが、魚雷を受けて最後は撃沈された。

うち、**4隻を砲撃だけで撃沈**させた。

東郷艦隊は、砲撃こそがもっとも有効という回答を与えたのだ。

日本海海戦以降、各国の海軍は、より大きな砲を積み、より強固な装甲を持つ戦艦を建造するようになったのである。

イギリスが12インチ砲10門を搭載したドレッドノート型戦艦をつくったのは、日露戦争終結直後である。このドレッドノート型戦艦はド級戦艦と呼ばれ、列強の大艦巨砲主義、建艦競争の幕開けとなったのである。

世界初の無線による艦隊作戦

日本海海戦では、東郷艦隊は**世界初の「無線**

による艦隊作戦」を行っている。

海軍は日露戦争に際し、無線機を戦艦などの主力艦だけではなく、駆逐艦、仮装巡洋艦などほぼすべての艦に搭載していた。**すべての艦船に無線を積んだ艦隊というのは、これが史上初めてのこと**なのである。

当時の海軍の連携手段には手旗信号を使っており、当然、ロシア海軍もそうだった。つまり日本海海戦というのは、**「無線機器」対「手旗信号」の戦い**だったのだ。

アメリカのジャーナリスト、アーネスト・ヴォルクマンはその著書『戦争の科学』（主婦の友社）の中で、日露戦争の海戦について次のように語っている。

「西洋列強の一割だったロシアとの戦争に突入した日本は、対馬沖でロシア艦隊を邀撃し、ロシアの主力艦38隻のうち21隻を沈没または無力化させるという大勝利を収めたのである。この勝利をもたらした原因のひとつが、技術力の差であることは疑いない。長距離砲射程をもつ艦砲に加え、日本は史上初めて海戦で無線機を使用した。艦上に積まれた無線機によって、日本の指揮官たちは各艦を迅速に展開させることができた。日本艦隊の機動力に、旗を使った伝統的な信号システムに頼るロシア艦隊が対応するのは不可能だった」

当時、日本海軍は**「三六式無線電信機」**という世界的にも最高水準に達していた無線機を持っていた。これは安中電機（現在のアンリツ）がドイツ製の無線機を元に開発したもの

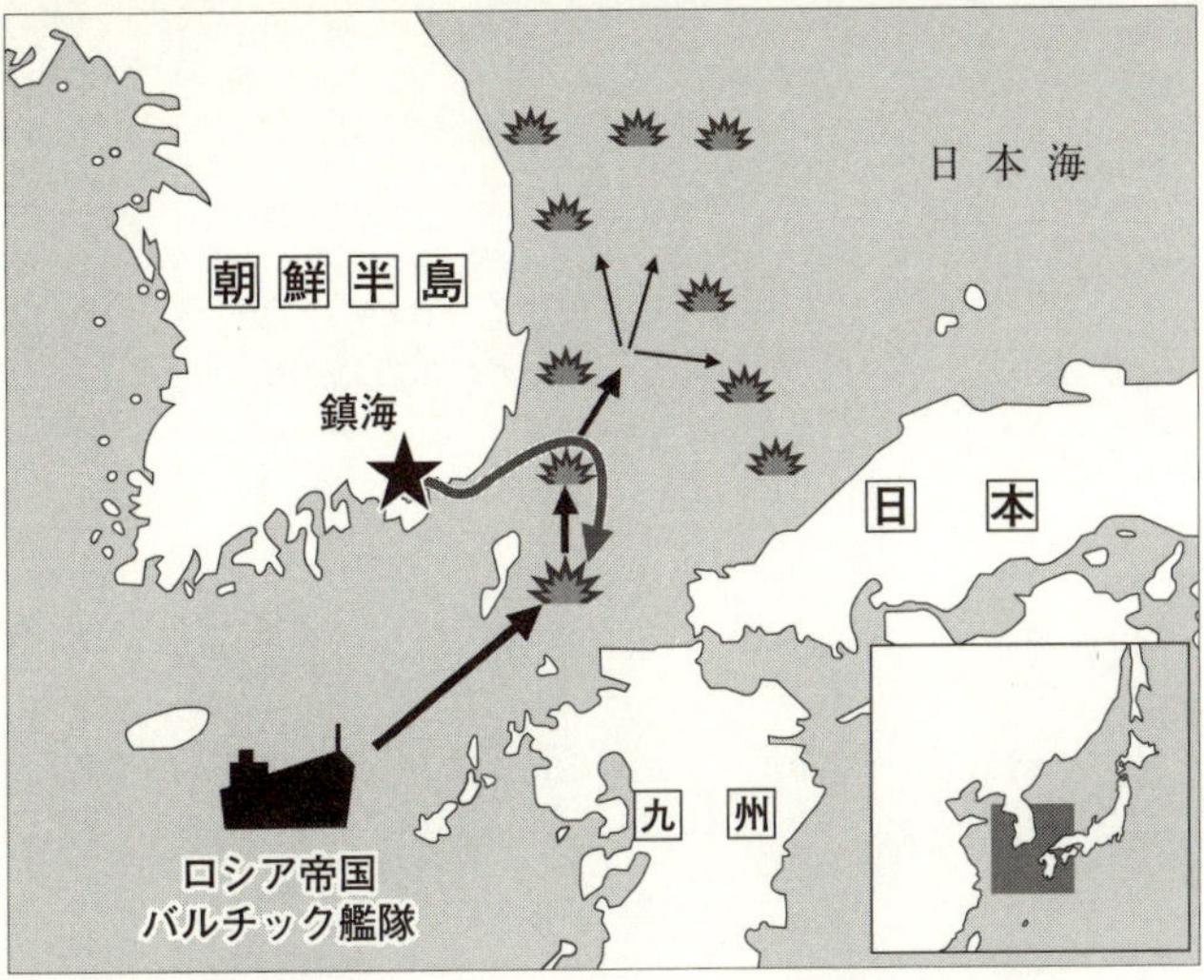

日本海海戦の戦闘経過を示した図。バルチック艦隊を九州の対馬沖で待ち伏せしていた連合艦隊が攻撃。北に逃げるバルチック艦隊に激しい砲撃を加えて打ち倒した。

で、明治36（1903）年に正式採用されたので、三六式という名前がついている。

この三六式無線電信機は、日本海海戦において陰の主役ともいえる重要な働きをした。

日本海海戦というのは、バルト海からはるばる極東にまで遠征してきたバルチック艦隊を、日本の連合艦隊が迎え撃った戦いである。

バルチック艦隊は、日本海の最北部に位置するウラジオストック港を目指していた。日本海軍にとって、バルチック艦隊をウラジオストックに入港させるわけにはいかなかった。一旦、港に入られると、艦隊同士の決戦はなかなか望めない。

また、バルチック艦隊がウラジオストック港を基点にすれば、日本海をゲリラ的に暴れまわることになり、陸軍への補給が脅かされる。補

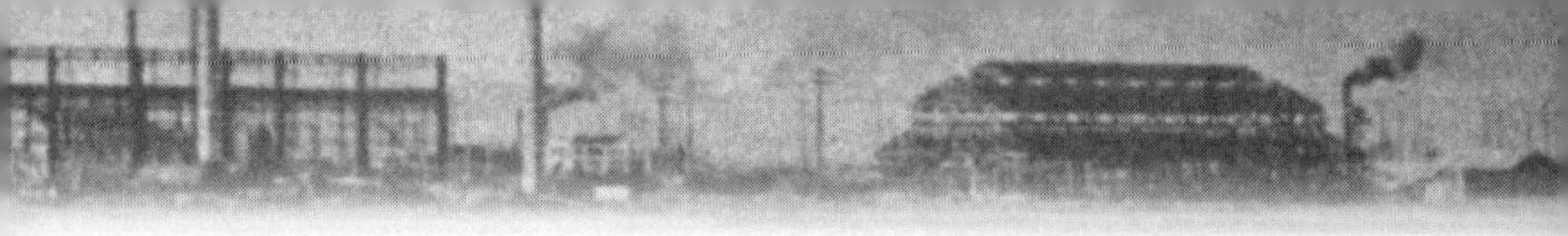

給が断たれれば陸軍は大陸で孤立してしまう。

そのため、日本海軍はバルチック艦隊を無傷でウラジオストックに入らせるわけにはいかなかった。少なくとも日本海での制海権は、日本が維持しておかなければならなかった。

日本海軍はバルチック艦隊の航行経路に頭を悩ませた。九州の西側の対馬海峡から日本海に侵入してくるのか、それとも日本列島を太平洋に沿って航行し、津軽海峡から日本海に入ってくるのか。

日本海軍は、九州近海に大規模に偵察艦を派遣し、水も漏らさぬように、バルチック艦隊の動向を注視していた。

明治38（1905）年5月27日（日本海海戦の1日目）の早朝、哨戒中の仮装巡洋艦の信濃丸がバルチック艦隊を発見した。信濃丸は**「三六式無線電信機」でただちに連合艦隊に向けて「敵艦見ゆ」を打信**した。これが敵艦隊発見の第一報だった。

連合艦隊は、この報を受けて即座に戦闘準備に入り、万全の態勢でバルチック艦隊を迎え撃ったのである。

またこの三六式無線電信機は、当時、最新の技術だった**「鉛蓄電池」**を電源としていた。

この「鉛蓄電池」はすでに国産されていて、島津製作所が製造していた。このときの「鉛蓄電池」は、改良され後に**「GSバッテリー」**という商標がつけられた。

現在も、GSバッテリーは、自動車などで広く使われているので、ご存じの方も多いだろう。GSバッテリーのGSとは、開発者の名前**「島津源蔵」**から取ったものである。

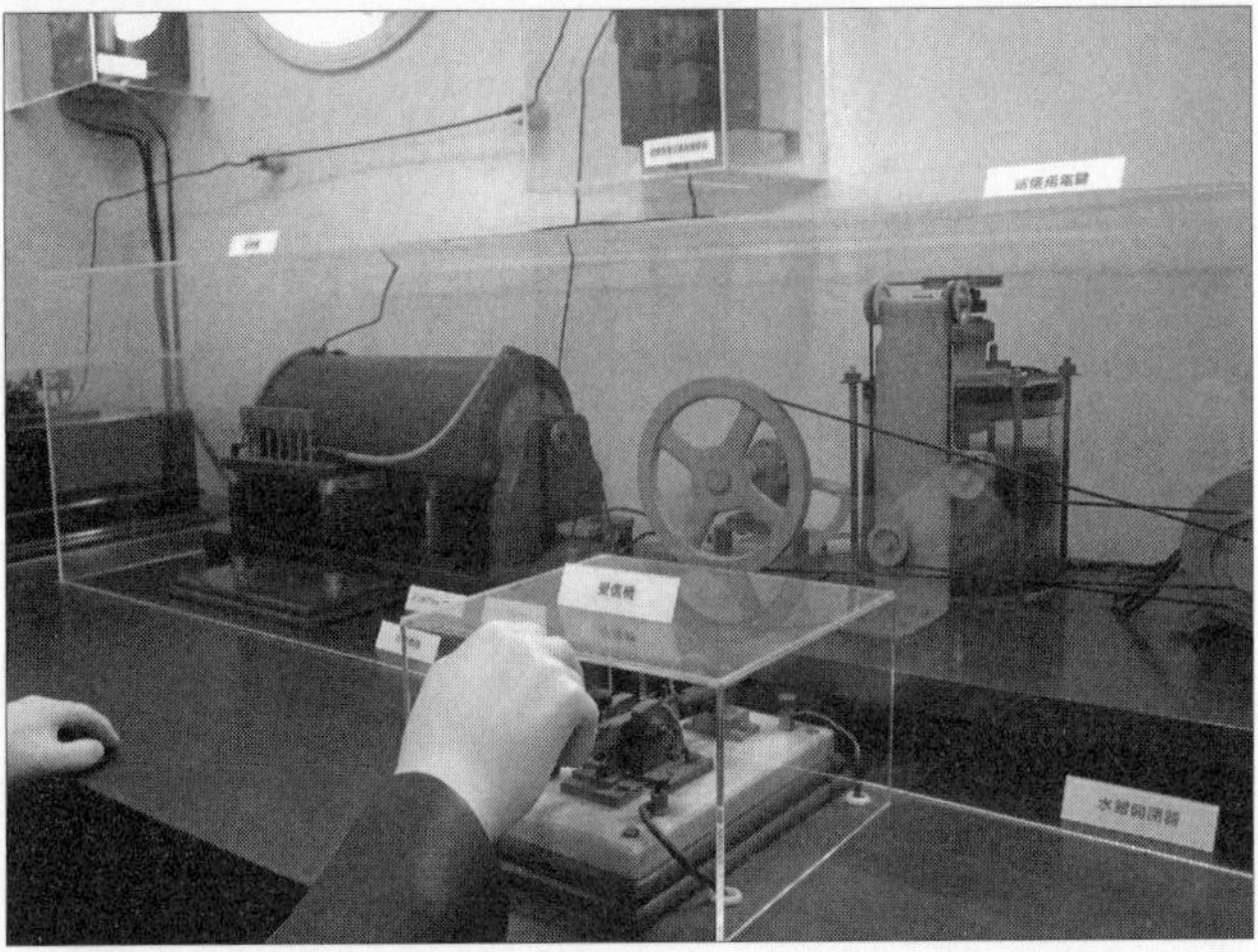

日本の連合艦隊が使用した三六式無線電信機。実物を忠実に再現したものが、横須賀の記念艦「三笠」の電信室で展示されている。

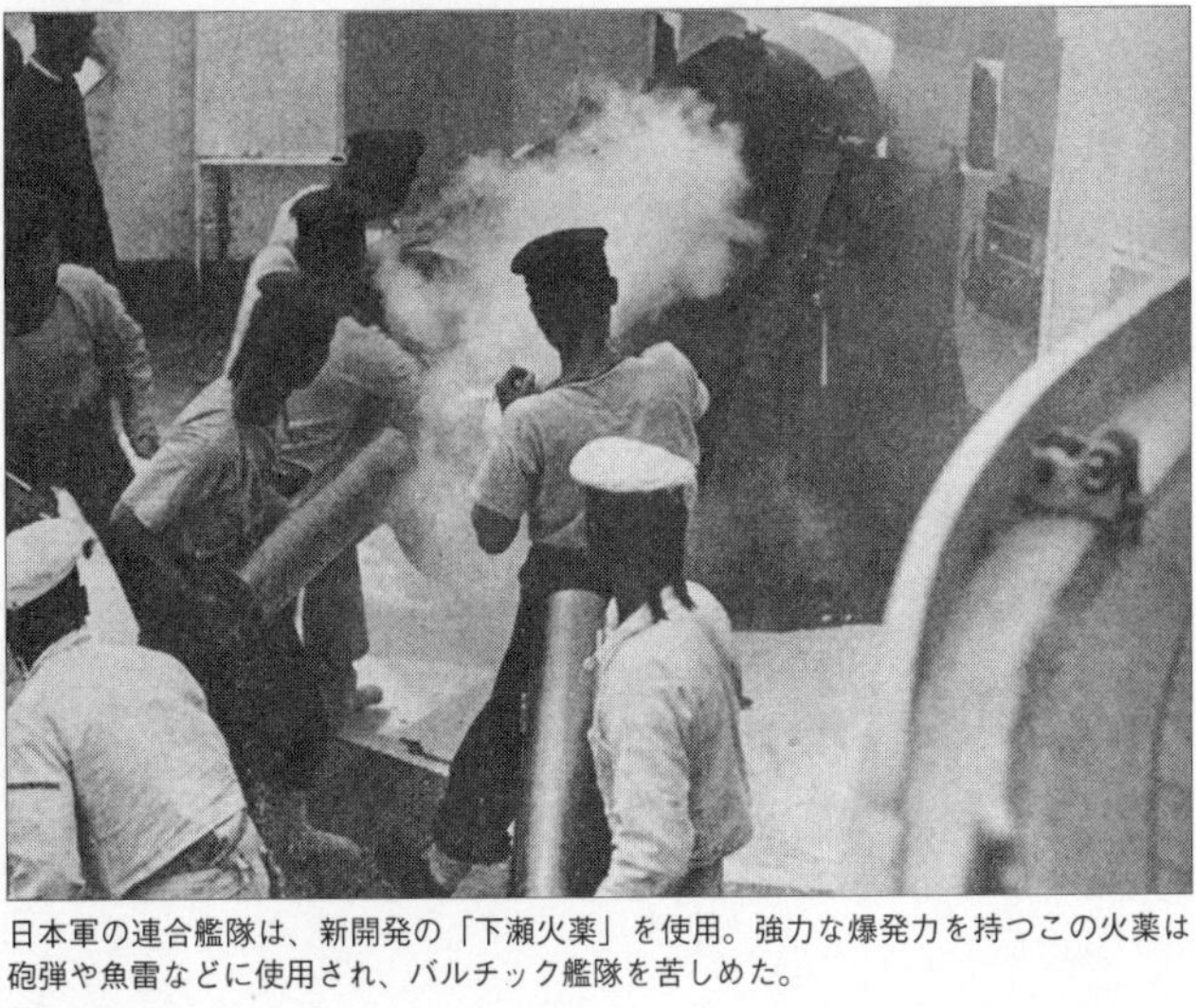

日本軍の連合艦隊は、新開発の「下瀬火薬」を使用。強力な爆発力を持つこの火薬は砲弾や魚雷などに使用され、バルチック艦隊を苦しめた。

世界で初めて空母を開発

日本軍が世界で初めて造った兵器

「太平洋戦争での日本海軍は、大艦巨砲主義に固執したため、航空兵力を重視したアメリカに敗北した」

などとよく言われる。

しかし、これはまったくの詭弁である。

そもそも太平洋戦争前までの世界各国の海軍は、まだ**いずれも大艦巨砲主義**だった。

航空機は、第一次世界大戦ですでに採り入れられ、かなりの活躍をしている。が、海上兵器として、戦艦に対抗できるものかはまだ議論が分かれていたのである。

そのため、いずれの国も、航空機をどれくらいの割合で採り入れるべきか、どういう使い方をするべきかは手探りの状態だったのだ。

そんな中、日本は、むしろ**世界に先駆けて航空機を積極的に導入しようとした**のである。

その表れが「**世界で最初の空母建造**」なのだ。

空母とは航空機の離着陸ができる軍艦のことである。第二次世界大戦直前に本格的に導入されるや、海上兵器の主力の座を戦艦から奪い、

海上自衛隊のヘリコプター搭載型護衛艦「ひゅうが」。現在、日本の自衛隊には航空母艦は配備されていない。(© 海上自衛隊)

現在に至るまでもっとも重要な軍艦の地位を占めている。

空母を建造するには、高い工業技術が必要とされる。

船という非常に限られたスペースの中で、航空機を離着陸させせなければならないのだから、その構造には精密なバランスが要求される。だから、空母を建造するには、相当な科学技術力が必要とされるのだ。

単純な比較はできないが、たとえば中国が空母を保有できたのは、平成24(2012)年のことである。

しかも、すべてを自国で組み立てたわけではなく、ウクライナから中古の空母を購入してそれを改造したものだった。

21世紀の大国である中国でさえ現在になって

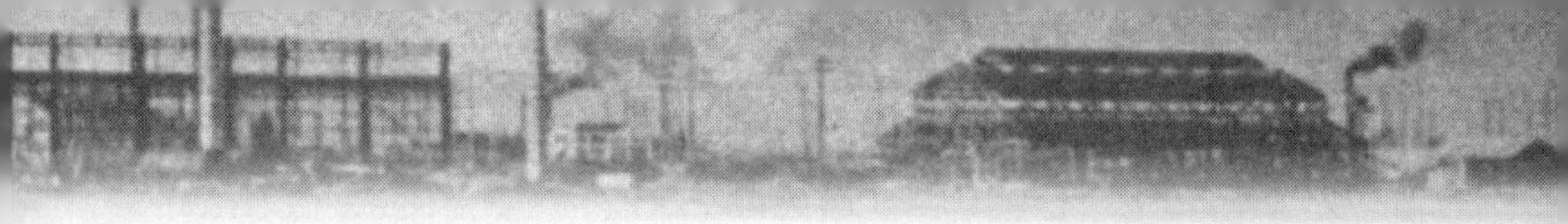

やっと建造できたわけで、空母とはそれほど保有するのが難しい軍艦なのである。

空母の原型ともいえるものは、20世紀初頭にアメリカで登場していた。

明治43（1910）年、アメリカの飛行家ユージン・エリイが、アメリカ海軍巡洋艦バーミンガムの甲板に仮設した滑走台からカーチス複葉機を発進させることに成功したのだ。ユージン・エリイはほどなく飛行機の軍艦への着艦も成功させた。

このユージン・エリイの成功により、海軍の先進各国はこぞってこれを本格的な兵器に仕立て上げようと考えた。それにいち早く着手したのが、日本海軍だった。

大正3（1914）年、日本海軍は貨物船若宮丸を水上機が搭載できる母艦に改造し、**「若宮」と改称して軍艦籍に入れた。**航空機の母艦として、正規の軍艦籍を入れられたのは、世界でこの「若宮」が最初である。

若宮は、翌年には、ファルマン水上機4機を搭載して、第一次世界大戦に出陣。青島への偵察爆撃を行っている。

世界海軍航空史では、イギリスのアークロイヤルが世界最初の水上機母艦とされているが、実際は若宮の就役の方が4か月早い（佐藤和正『空母入門』光人社）。

世界初の正式空母を造りあげる

そして、大正8（1919）年、世界で初の正式空母が日本で誕生している。

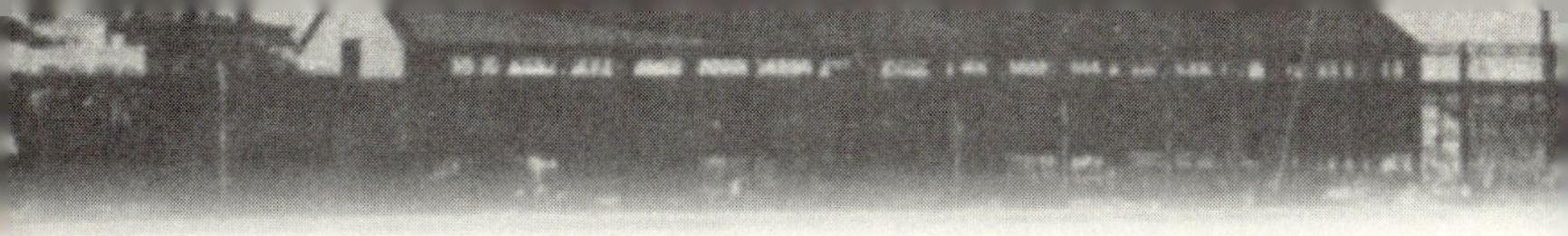

日本海軍が開発した世界初の空母「鳳翔」。ミッドウェー海戦にも投入されたが、終戦までほぼ無傷で、戦後は復員輸送船として活躍。昭和22（1947）年に解体された。

「鳳翔」である。

それまでも空母と同じ働きをもつ軍艦はすでに現れていたが、それらはあくまで巡洋艦などを改造したものだった。最初から空母として設計され、空母として使用されたのは、鳳翔が最初なのである。

当時、軍艦から航空機を発進させるという戦術は、海軍国から注目されていた。

航空機を軍艦で海洋まで運び、そこから発進させれば、神出鬼没の働きができる。また航空機の航続距離を気にすることなく、作戦がたてられる。

第一次世界大戦でも、すでに軍艦で水上機を運搬し、海上から進撃させるという作戦は幾多も行われた。水上機による空爆も行われ、日本軍も青島への偵察爆撃を成功させている。

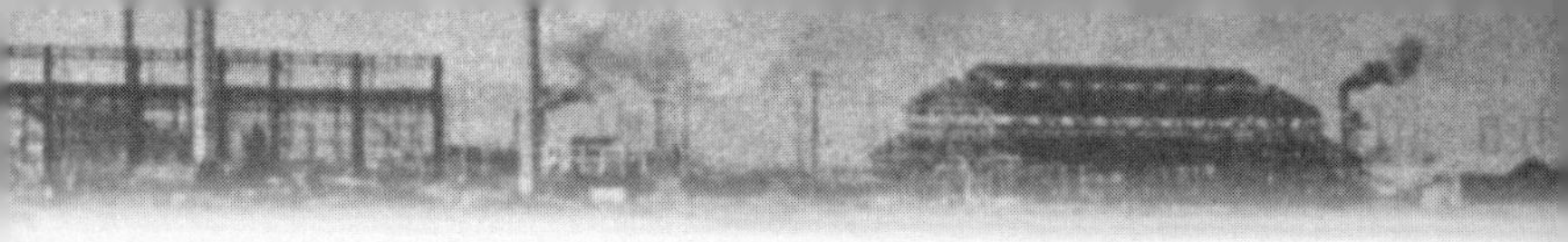

しかし水上機というのは、機底に水上浮上のためのフロートを取り付けており、普通の航空機よりも鈍重である。そのため、水上機が普通の戦闘機と空中戦になった場合は、ひとたまりもない。

そこで、**水上機ではない普通の航空機が離着陸できる軍艦**、つまり「空母」の必要性が高まってきたのである。

この空母には、世界の海軍先進国イギリスと日本がいち早く着目した。

イギリスは第一次世界大戦が終わりに差し掛かった大正6（1917）年に、**正規空母のハーミーズを起工**した。

鳳翔が起工したのはそれよりも後だったが、ハーミーズは戦争の影響もあり、完成が遅れた。そうして**先に完成した鳳翔が世界初の正規空母となった**のである。

完成当初の鳳翔は、排水量7470トン、出力3万馬力、速力は25ノット、飛行甲板は長さ158・2メートル、幅22・7メートルで、搭載機は21機。後の分類では軽空母に属する。

鳳翔のデータが後の空母大国をつくる

この鳳翔は、「空母」というものを実用化するための実験船のようなものだった。

船上から航空機を離着陸させるためには、どのような構造がもっとも適しているのか、日本海軍はこの**鳳翔から貴重なデータを得ることができた**。

たとえば艦橋は、航空機の離発着に邪魔にな

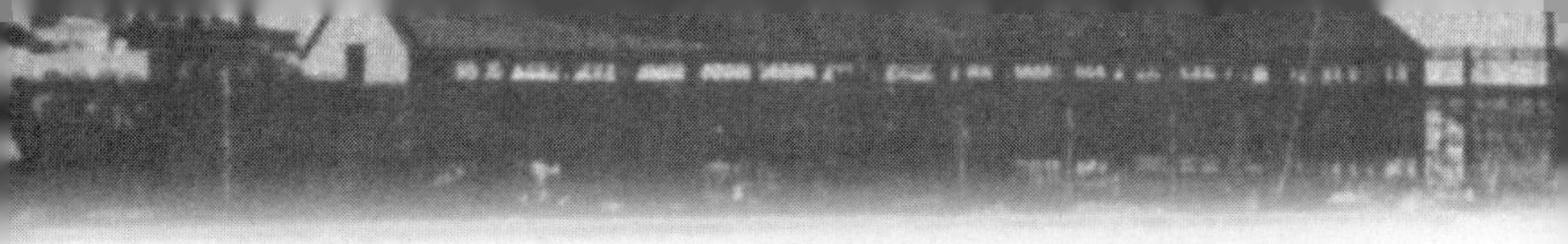

鳳翔の後に建造され、日本海軍の主力として活躍した空母「加賀」。真珠湾攻撃に参加するなど活躍したが、昭和17（1942）年のミッドウェー海戦で撃沈された。

ることがわかったために、撤去された。また当初、鳳翔の甲板には、離陸がしやすいようにと傾斜がついていたが、これは役に立たず、むしろ傾斜がない方がいいことがわかったので、水平に修正された。

この鳳翔での実験が功を奏し、日本の太平洋戦争開戦時には、**アメリカを凌駕する空母大国になっていた**のだ。

また鳳翔は、ただの実験船にとどまらず、実戦でもかなりの活躍をしている。

鳳翔は昭和７（１９３２）年に起きた上海事変（中国の上海でおきた日中両軍の軍事衝突）の際に上海沖に出撃し、搭載機が中国空軍機を迎え撃ち、うち一機を撃墜させた。

これは日本の海軍機が、敵機を撃墜した最初の例である。

史上初の空母航空隊による空爆

敵軍を驚かせた日本軍の空母運用法

前項では、最新兵器の空母を世界でいち早く取り入れたのが大日本帝国だったことを述べた。その空母を世界で最初に効果的に使用したのも、やはり大日本帝国だった。

第二次世界大戦前には、まだ英米ともに空母をどのように使うべきか明確な方針を持っていなかった。**空母は艦隊の中では、補助的な使用にとどまっていた。**

この頃、海軍の王様はなんと言っても戦艦だった。

各国海軍の艦隊は戦艦を中心としており、空母を持つ国も、空母を中心とした艦隊を編成してはいなかった。空母は、艦隊に二隻付随させ、その航空機をもって艦隊を護衛させようということでしかなかったのである。

しかし、日本軍はそれまでの海軍の常識を破り、**空母を中心とした艦隊を編成**し、**空母からの大規模な空爆作戦**をしようと考えた。

それが真珠湾攻撃なのである。

真珠湾攻撃では、6隻の空母から350機も

昭和18（1943）年、日本軍による真珠湾攻撃が行われる2ヶ月前のハワイ・真珠湾を上空から撮影した写真。停泊中のアメリカ太平洋艦隊の艦影が見える。

の航空機の大編隊が発進し、無防備のアメリカ太平洋艦隊をメチャクチャに叩き壊した。

アメリカ太平洋艦隊は、戦艦5隻が沈没、3隻が大破し、基地内にあった479機の航空機が撃破された。米軍兵の戦死は2000人以上に達している。空母からの空爆としては、第二次世界大戦を通じてこれが最大のものである。

真珠湾攻撃の考案者
山本五十六

空母から多数の爆撃機を発進させ陸上を空爆するということは、今でこそ戦争の常套手段になっているが、これを初めて用いたのは日本軍なのである。

真珠湾攻撃を考案したのは山本五十六《いそろく》だと言

われている。

山本がこの計画を提出したとき、海軍では賛否両論だった。しかし、航空機の攻撃力を信じていた山本は、この計画を強引に実行した。山本五十六が名将と称されるのは、空母による大空爆を実施したことによるのだ。

空母と航空機の重要性を知っていた日本軍

また山本に限らず、日本海軍は空母や航空機の重要性をすでに認めていた。それは太平洋戦争前の軍備を見れば明らかである。

下の表のように太平洋戦争の開戦当時、空母の数は、日本軍8隻に対してアメリカ7隻と、アメリカ軍よりも多かったのである。

【太平洋戦争前の稼働可能な戦艦、空母の保有数】
日本軍…空母8隻、戦艦10隻
アメリカ軍…空母7隻、戦艦17隻

第二次世界大戦前までは、空母というものが、海戦でどれほど役に立つものかまだよくわかっていなかった。

今でこそ、太平洋戦争では空母が大きな役割を果たしたことがわかっているが、開戦前までは、空母による空中戦などはほとんど行われた試しがなかったのである。

そんな中、日本軍は、開戦時にアメリカ以上に空母の準備をしていたのだ。

日本は、アメリカに比べるとはるかに国力が劣っていた。そんな中、限られた軍費や資源を空母の製造に充てていた。なぜならば、日本は

真珠湾攻撃で日本軍の空母航空隊の攻撃を受け、撃沈されるアメリカ太平洋艦隊の戦艦アリゾナ（写真手前）。日本軍による史上初の作戦で、アメリカ軍は大損害を受けた。

世界に先駆けて航空機を重視し、海戦の主役は空母になることを見越していたからである。

　そのことは戦艦と空母の保有数の割合を見てもよくわかる。

　アメリカ軍は戦艦を空母の倍以上も保有していた。一方の日本軍は空母を戦艦とほぼ同じくらいに揃えている。そこから見ても、日本は闇雲に大艦巨砲主義に走っていたわけではなく、**空母の重要性を認識していたことがうかがえる**のである。

　日本がアメリカの空母にしてやられるのは、太平洋戦争の後半である。

　太平洋戦争の前半は、アメリカの空母はまったく脅威ではなかった。つまり太平洋戦争の緒戦では、航空戦術面では、明らかに日本の方が優れていたといえるのだ。

高度な技術が生んだゼロ戦

世界を驚かせた ゼロ戦の出現

大日本帝国は航空機の製造技術に関しても、世界でトップレベルに達していた。

航空機の性能や製造数から見ても、**アメリカ、イギリス、ドイツに次ぐ4番手には位置**していたと考えられる。

日本の航空機製造技術の粋が凝縮されているのは、やはり**ゼロ戦**（**零式戦闘機**）だといえる。

戦前の日本の航空技術というのは、欧米の粗悪なコピーと考えられてきた。

まだ飛行機が発明されて30年程度しか経っておらず、日本としてもヨーロッパで生まれた航空機の技術を必死に吸収しようと努めるしかなかったため、「粗悪なコピー」はある意味仕方のないことだった。

しかし、そういう考えを一挙に改めさせられた事象がある。それが、ゼロ戦（零式戦闘機）の出現である。

ゼロ戦は、**第二次大戦前半期には最強の戦闘機**とされていた。ゼロ戦が登場したとき、欧米の軍事専門家は、当初はその存在を信じなかっ

空母翔鶴から真珠湾に向けて飛び立つゼロ戦

たほどだった。

ゼロ戦は昭和15（1940）年の中国戦線で初めて投入されたが、**わずか13機で敵の27機を全部撃墜**するという衝撃的なデビューだった。中国軍の戦闘機は、ほとんどが英米の義勇軍による英米製のものであり、日本の戦闘機がそれほど強いとは考えられなかったのだ。

ゼロ戦には、世界初の技術がいくつも詰まっている。それをいくつか紹介しよう。

長距離飛行を可能にした世界初の燃料タンク

ゼロ戦の大きな特徴のひとつが、**戦闘機としては驚異的な航続距離があった**ことである。

ゼロ戦は、空戦性能（戦闘機同士の戦い、いわゆるドッグファイト）に優れていたにもかかわらず、航続距離も長かった。

航続距離と空戦性能というのは、実はまったく相反するものである。

空戦性能を上げるためには、まず機体を軽くする必要がある。だが、航続距離を伸ばすためには燃料をより多く積み込むため、機体は結果的に大きく、重くなる。

また、空戦性能を良くするためには、馬力のある強力なエンジンが必要になる。だが、強力なエンジンはそれだけ燃料の消費も大きいため、結局、航続距離は短くなる。

空戦性能の良い航空機、航続距離に優れた航空機は、陸上選手に例えると、それぞれ短距離走者と長距離走者のようなものだ。

現実の世界では、短距離でも長距離でも抜群の記録を残せる選手はいない。空戦性能と航続距離の２つを兼ね備えた航空機の開発は、至難の業なのである。

しかし、ゼロ戦はこの相反する性能を、どちらも**世界最高水準レベル**に備えていた。

それを可能にしたのが、**世界初の「落下式燃料タンク」**である。

「落下式燃料タンク」とは「使い捨て燃料缶」というようなもので、**「増槽」**と呼ばれていた。

長距離を航行する場合は「増槽」をとりつけ、行きはこの「増槽」の燃料を使う。そして目的地に近づいたら、この「増槽」を切り離し、身軽になって戦うのである。

ゼロ戦のエンジンはそもそも燃費がよく、ゼロ戦本体の燃料タンクを満タンにすれば航続距離は２２２２キロだった。これに３３０リット

様々な計器が並ぶ、ゼロ戦のコックピット

ル容量の「増槽」を取り付ければ、**航続距離は3502キロ**にまで達した。

当時の欧米の戦闘機の平均航続距離は、その半分にも満たなかった。いかにゼロ戦の航続距離が長かったかということである。

この「増槽」は、すぐに欧米の戦闘機にも採り入れられることになった。

現代のロケットは、打ち上げた後に燃料部分を切り離す方式をとっている場合が多いが、もしかしたらこれも日本軍機の「増槽」にその起源があるのかもしれない。

驚異の軽金属 超々ジュラルミン

ゼロ戦が戦闘機として空戦性能に優れていた

ことは前述した。

この驚異的な性能を可能にした理由の一つには、機体の軽さもある。

ゼロ戦の機体には、**超々ジュラルミン**という日本が開発した素材が使われていた。

超々ジュラルミンとは、海軍が「超ジュラルミンを超える合金をつくってくれ」と住友金属に要請し、昭和11（１９３６）年、住友金属の五十嵐勇博士によってつくられた。

ジュラルミンとは、明治39（１９０６）年にドイツで発見されたアルミニウム合金のことである。鉄など他の金属よりも軽く、しかも強度がある。当時、偶然、勃興期にあった航空機には、格好の材料となった。

超ジュラルミンというのは、ジュラルミンにマグネシウムや銅の割合を増やして強度を増した合金のことである。超々ジュラルミンは、それまでの**超ジュラルミンよりも強く、しかも超ジュラルミンよりも33％も軽かった。**

開発されたばかりの超々ジュラルミンは、ゼロ戦の主翼の一部に用いられ、それだけで30キロの軽量化を実現している。

米軍も気づかなかった 翼端ねじり下げ

ゼロ戦は小回りをよくするために**「翼端ねじり下げ」**という構造を持っていた。

「翼端ねじり下げ」とは、主翼が微妙にねじれている構造のことである。

ゼロ戦の主翼は胴体から先端に行くに従って、前側が下を向いてねじれている。この「ね

マーシャル諸島でアメリカ軍に鹵獲されたゼロ戦

じり下げ」のために、**ゼロ戦は小回りの利く急旋回ができ、失速せずに急上昇することができた**のだ。

この「ねじれ」は、最大でも2・5度しかなく、一見しただけではわからない。だから、アメリカ軍は、戦争中、ゼロ戦を捕獲しても、戦後になるまで気がつかなかったという。

最先端の航空技術が盛り込まれたゼロ戦は、太平洋戦争序盤、驚異的な強さを誇り、アメリカ軍やイギリス軍の戦闘機を圧倒。だが、大戦も中頃にさしかかると、アメリカ軍が新型機F6Fヘルキャットを投入、ゼロ戦は次第に優位性を失っていくことになる。

数々の工夫で驚異の戦闘力を誇ったゼロ戦。その勇姿は世界の航空マニアから**「第二次世界大戦の傑作戦闘機」**と今でも讃えられている。

酸素魚雷を初めて実用化

世界標準をしのぐ日本軍の魚雷の性能

第二次世界大戦当時、日本軍が持っていた優れた兵器の中に、**酸素魚雷**というものがある。魚雷は当時、軍艦を攻撃する際にもっとも有効な兵器だった。

戦艦は上部をいくら破壊しても、船体さえ無事なら沈ませることは難しい。船底を狙い、穴を空けることで水を浸入させて戦艦を沈没させる魚雷は、対軍艦のもっとも効率の良い攻撃方法だったのである。

そのため、各国は魚雷の開発にしのぎを削り、様々なタイプの魚雷を実践に投入した。

当時の主な国々の主力魚雷のデータを左ページに図表でまとめた。

ご覧いただければわかる通り、日本軍の魚雷は他国の魚雷を**速度や射程距離、炸薬量（魚雷に搭載できる爆薬の量）のすべてで圧倒**している。とくに射程距離に関しては、アメリカやフランスとはダブルスコア以上の差がある。

なぜこれほどの性能の違いがあったのか。

それは日本軍だけが、他国とは違う構造の魚

発射される日本軍の酸素魚雷。酸素を燃焼剤としたことで、速度や射程距離が伸びただけでなく、通常の魚雷に比べて強力な破壊力を有することができた。酸素魚雷には93式魚雷と主に潜水艦に装備された95式魚雷の2種類があった。

■第二次世界大戦時の各国の魚雷性能比較

国　名	速　度	射程距離	炸薬量
日　本	時速 50km	20km	500kg
イギリス	時速 46km	3km	300kg
アメリカ	時速 32km	8km	300kg
フランス	時速 39km	8km	300kg
ドイツ	時速 44km	6km	300kg

図表のデータは、碇義朗ほか著『日本の軍事テクノロジー』（光人社）より著者がデータを抽出して作成。日本の酸素魚雷は、他の軍事先進国の魚雷に劣らないばかりか、速度・射程距離・炸薬量のあらゆる点で大きく優れていたことがわかる。

雷を開発していたからである。

それが「酸素魚雷」なのだ。

魚雷は、燃料を燃やして得た熱エネルギーにより、エンジンを回転させて、水中を進む。

当時、一般的な魚雷は、高圧の空気と燃料油を霧のように噴射し、混ぜて燃やすことでエネルギーを得ていた。

しかし、効率という面で見た場合、圧縮空気は決して優れたものではなかった。空気は通常、約8割が窒素で、残る2割が酸素である。窒素はものを燃やすには役に立たないばかりか、水面に魚雷の航跡をつけてしまうなど邪魔なものだったのだ。

日本軍はその圧縮空気の代わりに、純粋な酸素を使用することを思いつく。

純粋な酸素は、圧縮空気よりもずっと燃焼効果が高く、**同じ容積でも5倍の熱エネルギーを作り出す**ことができる。当然、得られる馬力もさらに強力になる。

だが、酸素魚雷には欠点もあった。

酸素魚雷は燃焼効果が高すぎるあまり誤爆の危険性がある。イギリスなどはそのために酸素魚雷の開発を諦めていたほどだった。

日本軍は、酸素の通路から油気を徹底的に排除するなどして、その危険性を克服し、実用にこぎつけたのだ。

大きな戦果を挙げた酸素魚雷

この酸素魚雷は、昭和17（1942）年2月のスバラヤ沖海戦で本格的に投入された。

昭和19（1944）年11月20日、酸素魚雷を改造した特攻兵器「回天」に撃沈されたアメリカ海軍の給油艦「ミシシネワ」。回天が挙げた初めての戦果だった。

このスバラヤ沖海戦では、**酸素魚雷によって旗艦の軽巡洋艦デ・ロイテル、軽巡洋艦ジャワなどを撃沈**。連合国側は当時の常識では考えられないほど遠くからの魚雷攻撃だったので、最初は機雷に触れたものと思っていたという。

また昭和17年9月のガダルカナル戦では、**戦艦ノースカロライナを撃破**する、**空母ワスプを撃沈**させるなどの戦果をあげた。戦争末期には人間が搭乗できるように改造され、**特攻兵器「回天」として使用**された。

戦後、イギリスは酸素魚雷調査のための調査団を派遣し、旧日本海軍将校に命じ呉の海軍工廠で実射試験を行わせている。

実射試験では、2万メートルの距離を40ノットで航跡を残すことなく疾走し、目標に一発で命中したことから調査団を驚嘆させたという。

サプリメントの発祥は日本軍

それは兵士の栄養管理から始まった

現在、世界中で愛用されている**栄養補助食品「サプリメント」**。

栄養補助食品は、昔から似たものはあった。たとえば、肉体労働者が岩塩を舐めるなどというのも、栄養補助食品の原型だといえる。

しかし、特定の栄養分を一定量摂取するために計算されて製造された**近代的なサプリメントは、日本が最初につくったもの**である。

そして、このサプリメントをつくったのは、戦前の日本軍なのである。

驚くべきことに、日本軍は**「特殊栄養食」**と言われるサプリメントを携行していた。

この「特殊栄養食」は、主にビタミン不足を補うために開発されたもので、現在の総合ビタミン剤と同様の効用を持つものだった。

そもそもなぜ日本軍は世界に先駆けてサプリメントを開発していたのか？

それは日本軍が脚気に悩まされていたからだ。日清、日露戦争では、日本軍は多数の兵士を脚気にかかっており、日清戦争では４０００

太平洋戦争時に支給された日本軍の兵食（毎日新聞社『日本陸軍全史』より）

人もの兵士が脚気によって病死している。戦死が１１００人程度なので、いかに脚気がダメージを与えたか、ということである。

明治44（１９１１）年、都築甚之助博士や、鈴木梅太郎博士の研究により、**脚気は栄養障害（ビタミン不足）によって起こる**ということが、ほぼ判明した。ビタミンの欠乏が様々な病気を引き起こすこともわかってきた。

日本軍の兵食を担った経理将校

このビタミン不足を解消するため、日本軍は「特殊栄養食」を開発したのだ。

この開発を担当したのは、日本軍の経理部将校で**農学博士の川島四郎**である。

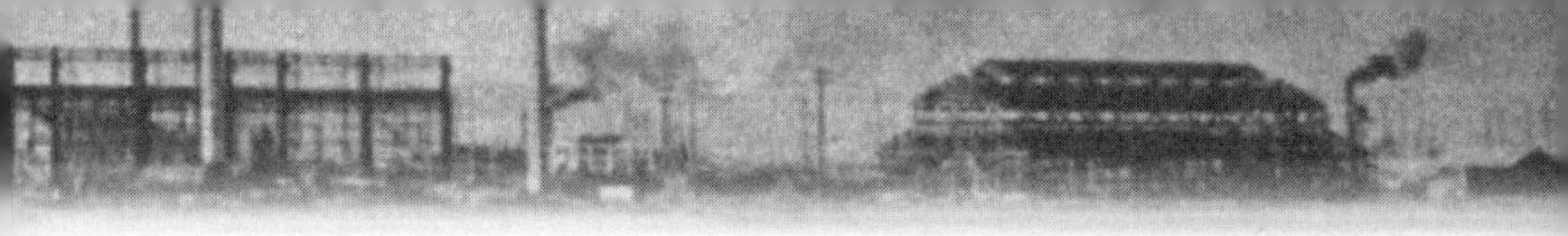

川島四郎は、明治28（1895）年、京都に生まれる。中学校を卒業後、陸軍経理学校に入学、陸軍で経理の仕事をしていく過程で、糧食の研究をするようになり、陸軍から東京帝国大学農学部に派遣され、栄養学などを学ぶ。

彼は昭和16（1941）年に「戦闘糧食に関する研究」という文書を発表している。これは近年、発掘されたものなのだが、当時の陸軍の糧食の内容、食に関する考え方がつぶさに述べられている。

その文書の中で川島は「兵士は一日4200～5100キロカロリーを必要とするが、持ち歩ける荷物には限りがあるので、少ないことは承知しているが3000キロカロリーにしている」と書いている。

携行食というのは、行軍中や戦闘中で、炊事による食事がとれない時に、食べるものである。戦闘中などは食事どころではないケースも多いはずだが、**それでも3000キロカロリーを摂れるようにしていた**のだ。

兵士を救うサプリメントの開発

そして川島は、カロリーの摂取とともに、必要な栄養分を摂取できる携行食の研究も進めた。特にビタミンは脚気などに関係するため、陸軍にとっては死活問題でもあった。

当初は、ビタミンを携行食の中に添加するということが考えられた。しかし、**ビタミンは酸化しやすく**、**熱にも弱く変質が早い**ため、携行食に添加しても効果があまりなかった。

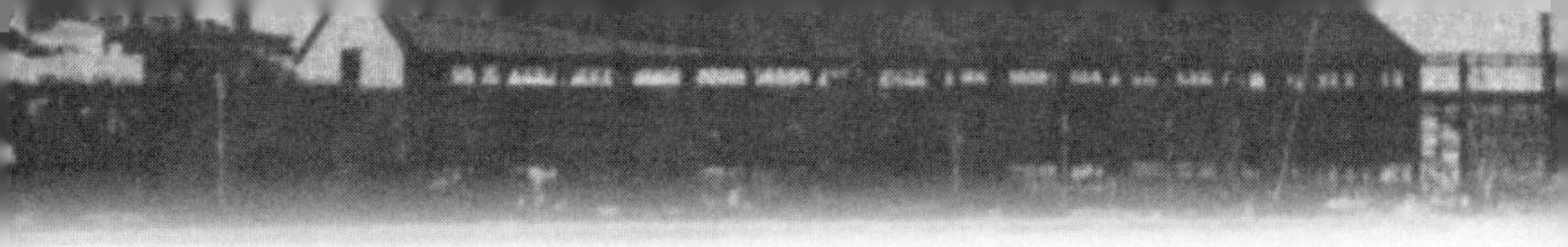

戦時中は「角型」（左写真）と呼ばれた特殊栄養食も製造された。ビタミンの結晶を練乳でとき、クジラの肝臓と落花生の粉末を加えて乾燥させたもので、板チョコのように節目があり、必要な分だけ食べられるようになっていた。

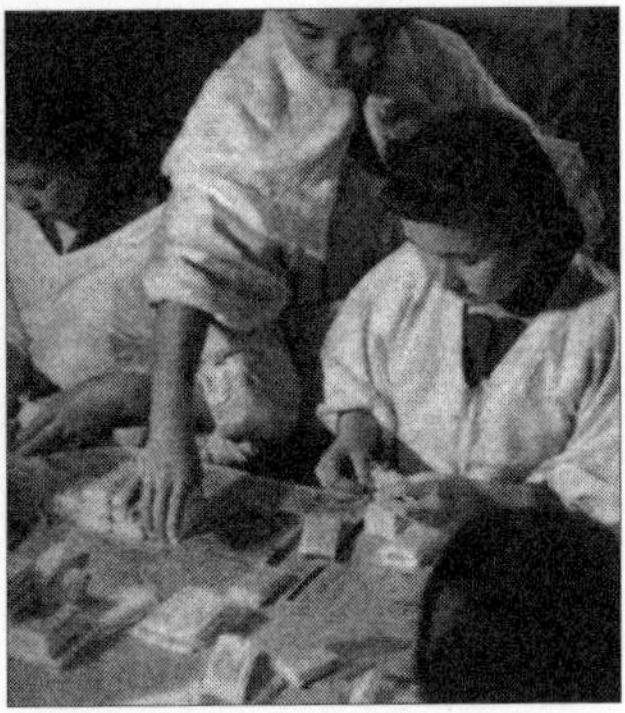

戦争が進むと、工場での作業に女性が駆り出された。右写真は特殊栄養食「角型」の包み紙製造風景。（両画像ともに朝日新聞社「科学朝日」1943年4月号より）

試行錯誤を重ね、**濃縮卵黄に各種のビタミンを入れ、糖衣にして丸薬にする**という方法がとられた。ビタミンAとビタミンDは脂溶性があるので、濃縮卵黄に非常にマッチしたのである。この「特殊栄養食」の登場で、兵士たちの脚気などの疾病は激減したという。

アメリカ軍は、戦争中に日本軍の「特殊栄養食」を捕獲し、その成分を調べたところ、その完成度の高さに驚愕した。

戦後、進駐軍のアメリカ武官が、川島のところに3度も研究資料を貸してくれるように頼みにきた。川島は2度断ったが、「人類のために役立てる」と説得されて3度目に提供したという。アメリカはこの「特殊栄養食」をヒントに、**ビタミン剤やサプリメントを開発**、それが世界中に広まったのである。

史上唯一のアメリカ本土爆撃

アメリカ本土を空爆した歴史上唯一の国

現在、アメリカが世界一の経済大国として繁栄しているのは、近代になって欧州、アジア地域が戦乱に次ぐ戦乱を繰り返している時、**アメリカだけが本土に打撃を受けることがなかったことが原因のひとつ**である。欧州が国土を蹂躙しあい、血みどろの戦いを繰り広げていた頃、アメリカの本土は安穏としていた。

だが、そんなアメリカも**第二次世界大戦中に本土を爆撃された**ことがある。

その爆撃した相手というのが、実は日本なのである。

アメリカ本土爆撃というと、２００１年９月11日に発生した、アルカイダによるアメリカ同時多発テロが思い浮かぶかもしれない。

しかし、アルカイダはあくまでイスラム系のテロ組織であり、９・11事件もテロとして行われたものだった。

国と国同士による、正真正銘の戦争において、軍用機でアメリカ本土の領空内に進入し、爆弾を投下できた国は、**歴史上で日本だけ**なの

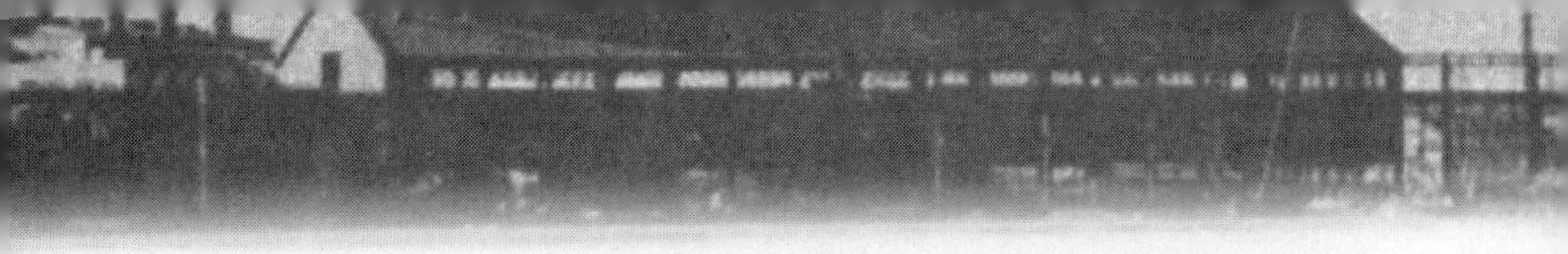

アメリカ本土爆撃作戦に使用された零式小型水上偵察機（上）。丸い囲みの中は、作戦機を操縦した日本海軍の藤田信雄飛行兵曹長。下段写真は伊号第25潜水艦。

である。

日本軍が立てたアメリカ本土空爆作戦

日本軍のアメリカ空爆は、昭和17（1942）年9月に、**水上機による焼夷弾爆撃**という方法で行われた。

作戦の内容は、次のようなものだった。

まず、伊第25潜水艦に零式小型水上偵察機を搭載し、アメリカのオレゴン州の沖合まで潜行する。沿岸まで近づいたら、そこから積み込んだ水上偵察機を発進させ、上空から焼夷弾を落とす。

零式小型水上偵察機は、潜水艦搭載用の水上機として、昭和15（1940）年に正式採用さ

れた。有名なゼロ戦（零式艦上戦闘機）と同じく「零式」と名がつくが、これは単に皇紀2600年（昭和15年）に採用されたからにすぎず、ゼロ戦とはまったく別の機種である。
　水上機というのは、機体の下にフロート（浮船）を装着している航空機のことで、海上で停機することができる。そのため、空港や空母がなくても、海があれば使用できる。日本海軍は、この水上機を潜水艦に搭載し、偵察などに使っていたが、今回の空襲のために**爆弾を積めるように改造した**のである。
　この零式小型水上偵察機を乗せた伊第25は、日本海軍の大型潜水艦の「伊15型」のひとつである。排水量2198トン、航続距離は水上で約2万5000キロ、水中で約180キロ、乗組員94名という当時としては大型な艦だった。

まさかの空爆に戦慄したアメリカ

空爆は9月9日と9月29日の2回行われた。

　空爆の目標は、**オレゴンの森林**だった。森林火災を起こさせて、アメリカ国民を動揺させようとしたのである。

　この空爆は、アメリカ国民を恐怖に陥れた。なにしろ、航空機からの爆撃など、今まで一度も受けたことがないのだ。また真珠湾攻撃での恐怖が冷めやらぬ時である。アメリカの一部地域では、**防空壕をつくる自治体**もあった。

　なおこの空爆を行った日本海軍の藤田信雄飛行曹長は、昭和37（1962）年に**「史上唯一アメリカ本土を爆撃した英雄」**として、オレゴ

藤田飛行曹長による空爆跡を検分するアメリカ兵。空爆は軽微な山火事を起こした程度の被害しか与えなかったが、アメリカ人は史上初の空爆に戦慄した。

ン州ブルッキングス市から招待され、死後に名誉市民の称号が贈られている。

第二次世界大戦当時、水上機を潜水艦に搭載していたのは、日本だけである。

また日本は、偵察機ではない「攻撃機」を3機搭載できる世界初の**潜水空母伊400**も開発している。伊400は終戦間際に開発されたため、ほとんど実戦に出ることはなかった。しかし、その大きさはいまでも語り草になっている。伊400は当時の一等駆逐艦よりも大きく、2012年に中国が開発した032型に抜かれるまでは、**原子力潜水艦以外の潜水艦としては歴代一位の大きさ**だった。

この伊400は、巨大な船体、強力な攻撃力は、その後のアメリカ軍の潜水艦建造などに影響を与えたと言われている。

戦艦大和と日本軍の発明

戦艦大和に盛り込まれた高度な軍事技術

戦艦大和というと、大日本帝国が国力を結集して製造した超ド級戦艦であり、**旧日本海軍のシンボル的存在**である。

この戦艦大和は、完成したときには、海戦の主役は戦艦から航空機の時代になっており、ほとんど活躍はできなかった。最後には航空機の護衛をもつけず、「**片道分の燃料しか積まずに出撃した**」などとも言われ、太平洋戦争の悲劇の象徴でもある。

この戦艦大和は、**後世の評価では**「**時代遅れ**」ということになっている。

たしかに、戦艦大和は、海戦の主役とはなれなかった。大和が就役するわずか1週間前に、ハワイとシンガポールで巨大戦艦が日本軍の航空機によって葬られている。これにより、海戦での主役は、完全に戦艦から航空機へ変わってしまった。

しかし、戦艦大和は、**大日本帝国の高度な科学技術の結晶**でもあり、その技術は現代社会にも大きな影響を与えている。

昭和16（1941）年９月、広島県の呉海軍工廠で整備中の戦艦大和。手前に見えるのが主砲の46センチ砲。回転部分には当時の先端技術が用いられていた。

大和の主砲は46センチ砲であり、当時世界最大とされているアメリカのアイオワ級戦艦の主砲40・6センチを超えていた。砲身1門の重さは、165トンもあった。これだけの砲を製造するには、**高度な製鉄技術が必要**だった。

またこの主砲は3門が1セットとなり、回転式砲塔に設置されていた。**砲塔の回転部分だけで2510トン**であり、これだけで**大型駆逐艦に匹敵する重量**だった。これだけの重さのものをスムーズに回転させるにも、相当な技術が必要だった。この巨大な主砲の砲塔を回転する技術は、現在、ホテルニューオータニの展望レストランに使用されている。

また大和には、**15m測距儀（光学式距離測定装置）が搭載**されていた。これは、砲弾を的中させるために敵艦との距離を測る装置であり、

「日本光学」が製造したものだった。日本光学は、国策により当時の光学メーカーなどを結集させてつくられた軍需企業である。日本光学は戦後、社名をニコンに変更しカメラ製造に乗り出した。1950年頃には、欧米の戦場カメラマンなどからニコンのカメラは高く評価され、日本の輸出工業製品の先駆けになった。

国民は知らなかった幻の戦艦

戦艦大和は、戦後に有名になった戦艦である。今となっては信じがたいことであるが、戦前の国民のほとんどは、**「大和」という戦艦があることさえ知らなかった**のである。

「世界一の主砲を持つ戦艦」の存在は、**日本にとって重要機密**だった。

巨大戦艦の建造を敵国に知られると、敵国はより巨大な戦艦を作るかもしれない。そのため、戦艦大和の存在は、国民にもひた隠しにされたのである。

軍の情報統制は徹底されており、大和の写真も戦前はまったく公開されなかった。当時は軍港で写真を撮ることも禁じられており、民間人が大和を目にすることも皆無だった。

我々が目にしている大和の写真はすべて戦後に公開されたものだ。アメリカ軍も大和の情報をほとんど得ておらず、その全貌を知ったのは戦後、海軍の記録を押収してからだという（ラッセル・スパー『戦艦大和の運命』新潮社）。

戦時中に、一般販売された雑誌や新聞、書籍にも、戦艦大和の文字はない。

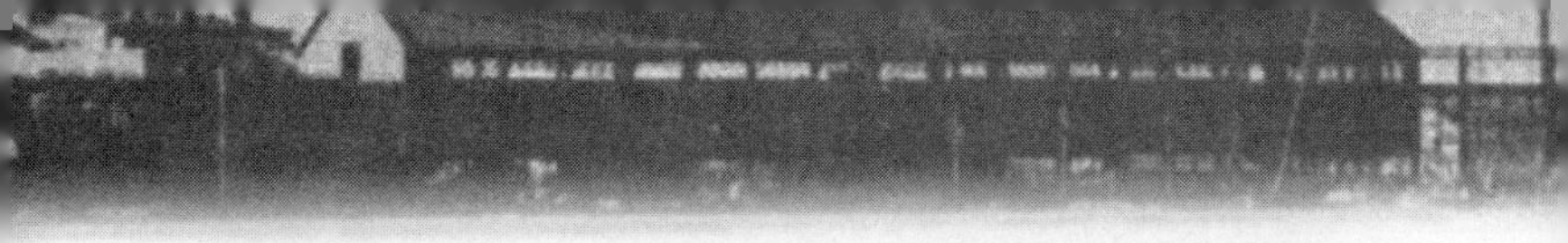

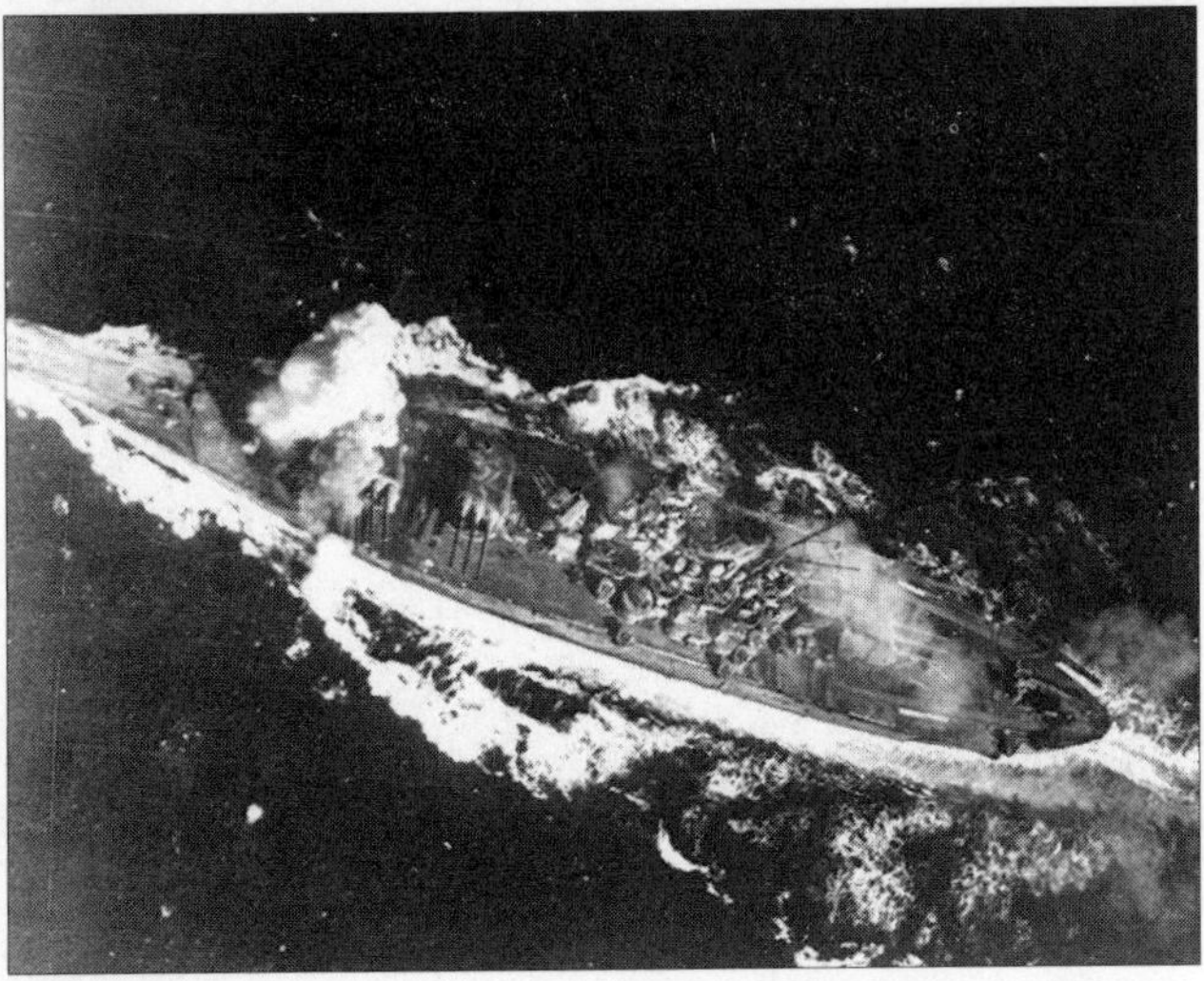

昭和19（1944）年10月のシブヤン海海戦でアメリカ軍の航空機により撮影された戦艦大和。敵弾の直撃を受け、第一砲塔から煙が上がっている。

たとえば、戦時中の『朝日年鑑』には、日本の保有する軍艦として金剛、比叡、榛名、霧島、扶桑、山城、伊勢、日向、長門、陸奥の10隻しか記載されていない。

「新鋭戦艦が艦隊に入っている」ということは、軍の一部で発表されていたが、それがどういう戦艦で、どんな名前なのかなど、一切、報じられてこなかった。だから国民のほとんどは、日本海軍で最強の戦艦は、長門だと思っていたのである。

戦艦大和は昭和16（1941）年に就役し、昭和19年のレイテ沖海戦などに参加。翌年、**「一億総特攻の魁《さきがけ》」**として沖縄海上特攻を行い、多数の爆撃・魚雷を受けて、**鹿児島県沖に沈没**した。戦艦大和はいまでも引き上げられることなく、海の底で眠っている。

第二章　戦争を変えた日本軍の発明

米軍が恐れた「究極のゲリラ戦」

世界の戦争を変えた日本軍の戦法

太平洋戦争は、緒戦こそ日本軍の快進撃が続いたものの、終盤はアメリカ軍からボコボコにされてしまったという印象がある。

しかし実は、前半戦だけでなく**終盤までもアメリカ軍は日本軍にさんざん悩まされていた**。

アメリカ軍が、明らかな国際法違反である日本本土の無差別空襲や原爆投下を行ったのも、最大の要因は太平洋諸島での苦戦にあるのだ。

戦争の終盤、日本軍はアメリカ軍を研究し、有効な戦術を考え出していた。

アメリカ軍の戦術は、非常に単純なものである。物量にモノを言わせて、砲弾、爆弾を雨あられのように降らせ、敵の戦闘能力を奪っていく。これは非常に合理的であり、**近代戦争におけるセオリー**でもある。

しかし、日本はもちろんそれに対抗できる物量はない。

では、どうすればいいのか？

日本軍は、太平洋戦争で劣勢に立たされて以降アメリカ軍に対する研究を続け、ある結論に

終戦間際の昭和20（1945）年に小笠原諸島の硫黄島で行われた「硫黄島の戦い」で火炎放射戦車を投入する米軍。日本軍はゲリラ戦を展開し、米軍を大いに苦しめた。

達した。

それが「**ゲリラ戦**」である。

もちろん、ゲリラ戦というのは、日本軍のオリジナルではなく**古くからあった戦法**である。日本軍はこれに**専門性と組織性を加えた、独自のゲリラ戦法**を編み出した。そのゲリラ戦がアジア各地の独立軍に引き継がれ、ひいてはベトナム戦争でも効果的に使われたのである。

日本陸軍は、昭和18（１９４３）年から陸軍中野学校に若い士官を送り込み、「**遊撃戦要員**」として特別訓練を施した。

翌年には、本土決戦における「遊撃戦」のために、一期２４０人という大量の若手士官を陸軍中野学校に受け入れ、特別訓練を行った。この特別訓練は、静岡県の二俣で行われ、この地に置かれた訓練施設は陸軍中野学校二俣分校と称された。

この陸軍中野学校二俣分校出身者には、終戦後30年に渡ってルバング島に潜伏していた小野田少尉などもいる。

陸軍中野学校は、工作員や秘密戦要員を養成する陸軍機関である。秘密にされている部分が多く、その存在は今もベールに包まれている。

アメリカ軍を震撼させたペリリューの戦い

太平洋戦争終盤、日本軍はこれまでの研究を元に、独特の戦法を編み出した。

上陸部隊を水際で食い止めることに固執せず、艦砲射撃や空爆に耐えられるように**地下に陣地を築いて戦力を温存**し、**アメリカ軍が上陸してから、本格的な攻撃を仕掛ける**。それも正面衝突の戦闘は避けて、ゲリラ戦に徹する、という作戦である。

この作戦を最初に本格的に実行したのは、硫黄島ではなく**ペリリュー島（パラオ）での戦い**だとされている。

ペリリュー島守備隊は、厚さ2・5メートルのコンクリートの中に、大砲や機関銃を隠すなど、島内に強固な陣地を構築。洞窟などを利用して、島内を要塞化すると、神出鬼没のゲリラ戦を繰り返して、アメリカ軍を散々苦しめた。

ペリリュー島守備隊は1万の兵力しかなく、アメリカ軍はその3倍の兵力を有していた。また戦艦5隻、巡洋艦8隻を投入するなど、物量でも圧倒していた。

アメリカ軍は当初2、3日でこの島を攻略す

昭和19（1944）年９月、ペリリューの戦いの最中にキリスト教の祭祀を受けるアメリカ海兵隊員。米軍は日本軍のゲリラ戦に手を焼き、島攻略に多くの犠牲を払った。

るつもりだったが、２ヶ月以上もかかってしまい、しかも**死傷者の数はほぼ同数**だった。
　このペリリュー島守備隊の戦法は、その後の日本軍の戦い方の手本となった。硫黄島やフィリピン、沖縄でもこの戦法が用いられ、アメリカ軍は多大な犠牲を強いられることになったのである。

ベトコンに引き継がれた日本軍の戦法

　ベトナム戦争でも、物量では圧倒的に勝るアメリカ軍に対し、ベトナム兵（いわゆるベトコン）はジャングルを最大限に生かしたゲリラ戦を展開し、アメリカ軍を徐々に追い詰めていった。このベトコンのゲリラ戦術は、**実は日本軍**

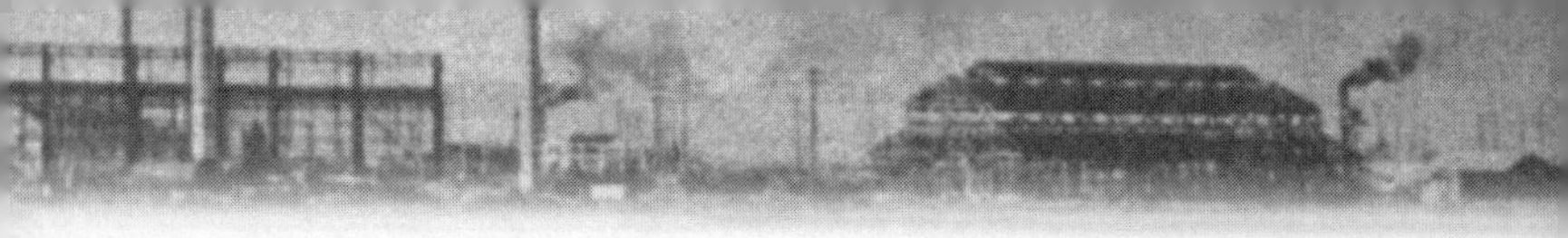

が教えたものだった。

ベトナム軍の創設には、日本軍が大きく関係している。

太平洋戦争終結後、東南アジア戦線にいた日本軍兵士の一部は帰国せずに、**現地の独立戦争に義勇兵として参加**した。ベトナムでも**700人から800人の日本兵が残留**した。

その中にはベトナム軍の士官養成学校「クァンガイ陸軍中学」の教官を務めた、**元陸軍少佐の石井卓雄**のような者もいた。

石井は秘密戦や遊撃戦、つまりゲリラ戦のスペシャリストで、その技術をあますところなく、ベトナム人に教え込んだ。石井がベトナム軍に参加することは、日本軍の師団司令部の了承を得ている。言ってみれば、石井は**旧日本軍の使命としてベトナム独立戦争に参加した**ということである。

昭和21（1946）年、宗主国フランスと植民地だったベトナムやラオスの間で第一次インドシナ戦争が始まると、石井はベトナム独立軍の顧問として戦争に参加した。残留日本兵らの働きもあり、フランスは敗北。ベトナムやラオス、カンボジアは独立を勝ち取った。

旧日本兵はクァンガイ陸軍中学だけでなく、ベトナム各地の養成機関で中心的な役割を果たした。日本人教官から学んだ卒業生たちは、ベトナム戦争で軍の中心になった。

実際、**ベトコンの戦法と、日本軍が硫黄島などで採った戦法は驚くほど似ている**。地上での正規軍同士の正面衝突はできるだけ避け、相手の攻撃中は地下奥深くに避難して被害を最小限度に食い止める。そして縦横無尽の地下陣地を

ベトナム戦争で森の中を進むアメリカ軍。ベトコンは複雑に入り組んだ秘密トンネルを掘り、ゲリラ戦を展開し、圧倒的な物量と戦力を誇るアメリカ軍と渡り合った。

構築し、昼夜を問わず、ゲリラ的に攻撃を仕掛けるのである。

アメリカ軍は地形が変わるほど爆弾を投下し、村ごと焼き払ったり、枯葉剤を撒いてジャングルを丸裸にするなどして対抗した。

しかし、それでもベトコンを仕留めることはできなかった。そのうち、アメリカは世界中から轟轟たる非難を浴びせられ、根負けして、撤退するのである。

ベトナム戦争で日本軍の影響が大きかったことは、ベトナム政府の態度にも表れている。ベトナム政府は、残留日本兵の労に報い、1990年代には**日本に帰還した旧日本兵たちに勲章を与えている**。第二次世界大戦の敗戦国である日本の兵士に、後年、他国が勲章を与えたというのは非常に珍しいケースである。

第二章　戦争を変えた日本軍の発明

幻の巨大爆撃機と風船爆弾

日本軍の世界最大の航空機製造計画

太平洋戦争を通じて、様々な兵器を開発した日本軍だったが、様々な事情から未完成に終わったものもある。

その中でとりわけスケールが大きかったのが**「Z飛行機」、後に「富嶽」と称された超巨大爆撃機の製造計画**だろう。

富嶽の製造目的は単純明快だった。

「アメリカまで飛び、本土を爆撃し、日本に戻ってくる爆撃機を作る」

しかし、日本からアメリカまでの距離はおよそ８０００キロ。往復するには、２万キロ近くを飛ばなければならない。これは**当時の航空技術からすれば常識外れの計画**だった。

富嶽の構想は、中島飛行機の創立者である中島知久平が発案したとされる。中島は戦争のかなり早い段階で「超巨大爆撃機によるアメリカ本土空爆」を考えており、その実行を軍に精力的に働きかけていた。

富嶽の製造は、秘密裏に進められた。

途方もない航行距離を実現するために、富嶽

B29（左）と並んだアメリカ軍の戦略爆撃機 B36。富嶽が完成していれば、同じ規模の大きさになったと考えられている。

は巨大な機体を持つことになった。その大きさは全長46メートル、全幅63メートル、全高8メートル。その重量は、第二次大戦期の巨大爆撃機、**アメリカのB29の約3倍**もあった。

計画には陸海両軍が参加し、機体の設計は中島飛行機が担当した。しかし、エンジンの選定に手間取るなどして、製造はなかなか進まなかった。

そんな中、昭和19（１９４４）年に日本軍が防衛の要としていたサイパンが陥落。本土決戦の気配が濃厚になり、計画は中止される。

同時期、アメリカ軍も超大型戦略爆撃機Ｂ36の開発をしていた。Ｂ36の初飛行は終戦後の昭和21年だった。日本軍がもし富嶽の開発に成功していれば、世界初の巨大爆撃機を製造していたことになる。

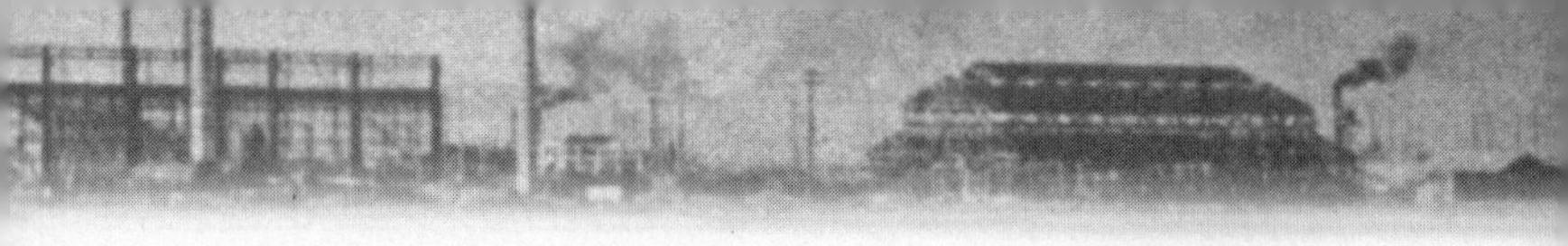

実は高度だった 風船爆弾のテクノロジー

アメリカ本土を爆撃する、という富嶽の構想は幻に終わった。

しかし、日本軍はそれとは別にアメリカ本土に損害を与える兵器を計画し、開発に成功している。それが**「風船爆弾」**である。

風船爆弾とは、直径10メートルほどの気球に焼夷弾を積み、太平洋を越えてアメリカ本土を爆撃しようというものである。

終戦までに約9000個が製造され、そのうちの1割が実際にアメリカ本土に到達したといわれている。

「アメリカが原子爆弾をつくっているときに、日本は風船でアメリカを攻撃しようとした。風船が原爆に勝てるわけはない」

風船爆弾は、このように揶揄されることが多い。もちろん、原爆に比べれば、風船爆弾の威力はものの数ではないだろう。

しかし、風船爆弾の製造には、**高度な科学技術と創意工夫が必要**だった。

風船爆弾は、ジェット気流に乗せ、およそ2昼夜半かけてアメリカまで飛ばした。通常の風船は1日も経たずにしぼんでしまうため、飛行に耐えうる強度の風船を作る必要があった。

強度以外にも、気圧の克服という難問もあった。気圧は寒暖の差で変化する。風船爆弾が飛んだのは高度1万メートル上空、気温はマイナス50度にもなる。そうした過酷な状況でもしぼまず飛び続ける風船を作らねばならなかった。

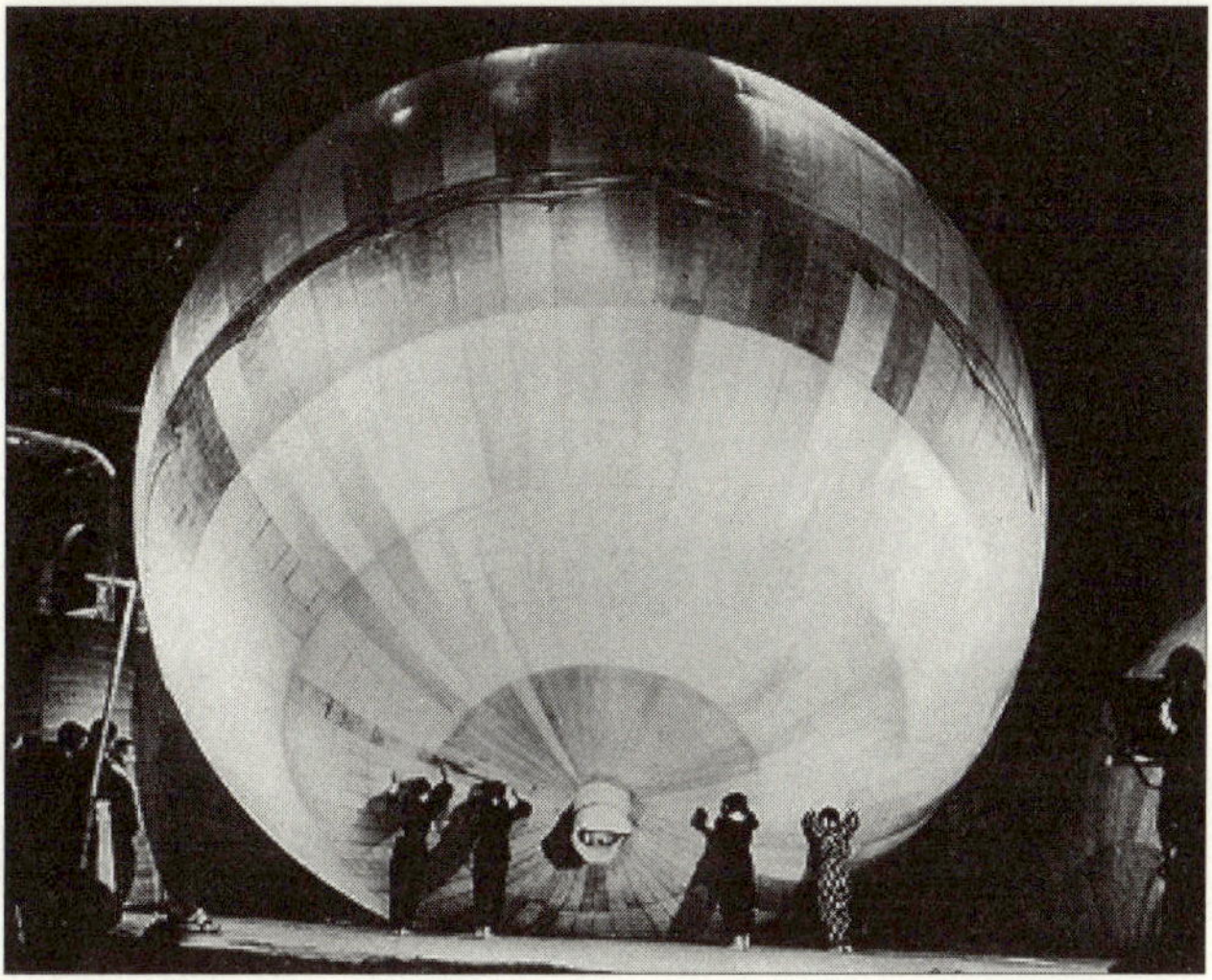

製造中の風船爆弾。気球の素材には、和紙にコンニャクを貼り付けたものを使用した。

日本軍は物資不足の中、創意工夫を重ねて、**和紙にコンニャクを貼った素材を開発**。それで気球をつくることで、強度と気圧の問題を見事克服してみせた。

風船爆弾には、気球の他にも高度な技術がいくつも盛り込まれた。

その代表的なものが**「高度維持装置」**である。

風船爆弾は、アメリカ本土に到達するまで、一定の高さを維持して飛ぶ必要があった。

そこで日本軍は高度が下がると自動で重量を減らす「高度維持装置」を開発する。

この装置には重量2キロの砂嚢《さのう》が32個くくりつけられており、高度が下がると**自動的に砂嚢を落とす仕組み**になっていた。

風船爆弾には、5キロの焼夷弾4個と、爆弾一個が搭載されたが、それらも自動的に投下し

た。そして、気球は**すべての爆弾を投下すると自動で爆発**するように設計されていた。コンピューターがまだない時代、風船爆弾はそれらをすべて無人でやったのである。

アメリカ本土に到達した風船爆弾

昭和19（1944）年11月、風船爆弾の第一陣が日本を離陸した。

軍部は、必死にアメリカでの被害状況を確認しようとしたが、なかなかわからなかった。翌昭和20年2月になって、ようやく中国の新聞にアメリカ連邦局の発表として「日本の文字が書かれた気球がモンタナ州カリスベル付近で見つかった」と報じられた。また同時に、広東電報が「ワシントン、およびモンタナからの電報によると、すでに死者500名を突破している」と報じた（後に誤報であることが判明）。

しかし、それ以降、風船爆弾の報道はぱったりと途絶え、アメリカの被害状況はまったく知ることができなかった。

アメリカは、この風船爆弾の存在に当然、気づいていた。しかし、**日本に被害状況を知られないために極秘扱い**とし、**新聞などを検閲して公表させなかった**のだ。

風船爆弾は、実際にアメリカに到達し死傷者も出している。オレゴン州ブライ地区では遠足にきていた子供5人と引率の女性1人が風船爆弾を見つけ、触ってしまったために爆発し、全員が死亡したのだ。

結局、風船爆弾は兵器として目立った戦果は

風船爆弾に取りつけられた「高度維持装置」

あげなかった。しかし、アメリカ軍はこの爆弾を極度に警戒していた。

日本から風船をアメリカに到達させるというのは、**並大抵の技術ではないことを知っていた**からである。そして、もしかしたら日本軍が風船爆弾に**細菌兵器を搭載するかもしれない**、という危惧もあった。

実際、日本軍の中でも風船爆弾に細菌兵器を乗せるという計画が持ち上がったことがあった。しかし、細菌兵器が国際法に違反すること、アメリカも同様の報復をしてくるかもしれないことから、躊躇していたのである。

終戦後、日本にやってきた進駐軍は風船爆弾も含め、**日本軍の兵器に関する資料を徹底的に集めて押収**した。日本軍のテクノロジーがいかに優れていたのかを示すエピソードだろう。

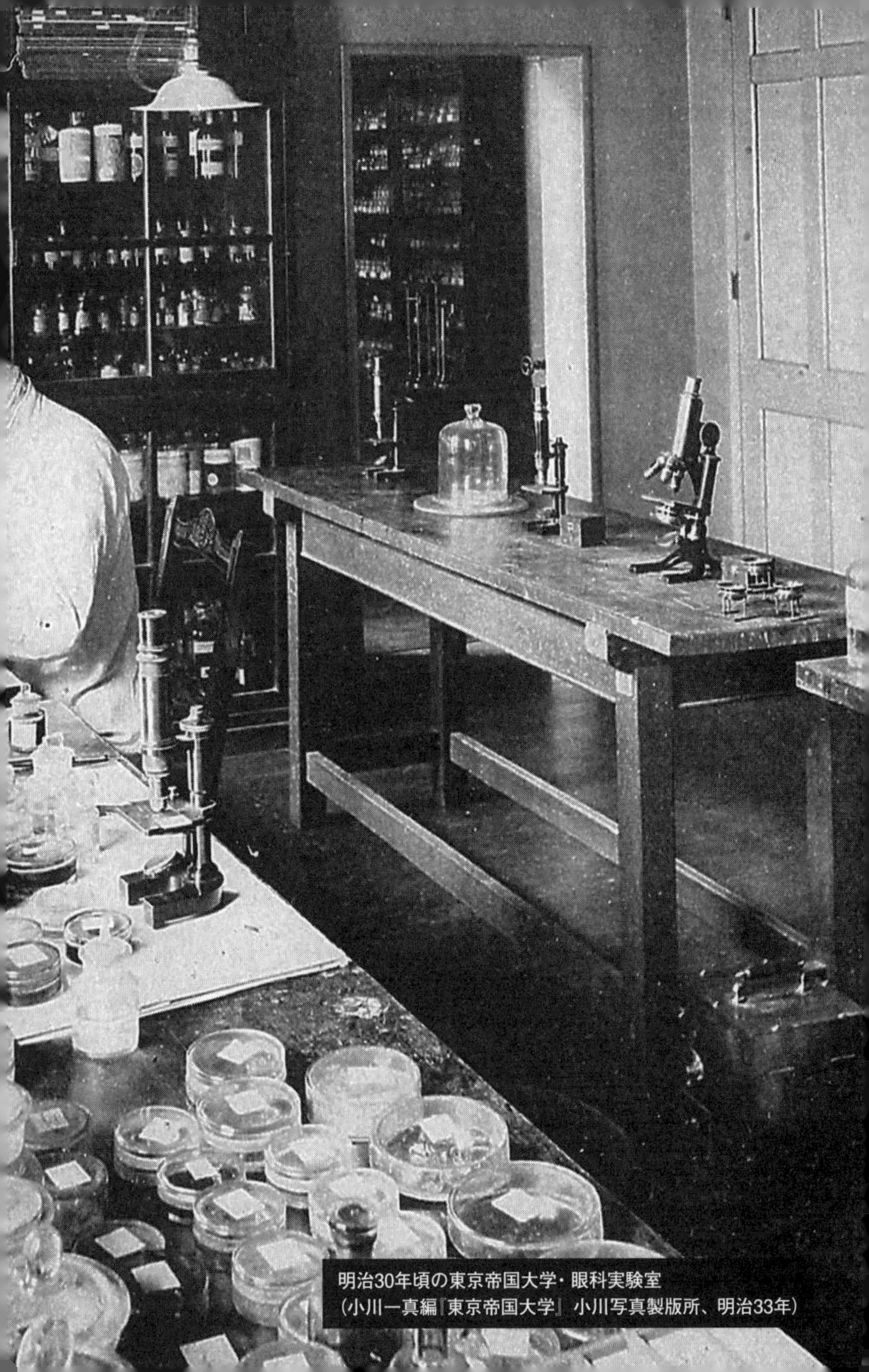

明治30年頃の東京帝国大学・眼科実験室
（小川一真編『東京帝国大学』小川写真製版所、明治33年）

【第三章】暮らしを変えた医学と健康の発明

ビタミン剤の発明

怖ろしい国民病 脚気の治療法を探す

戦前の日本には、2大国民病と呼ばれる病気があった。**ひとつは結核**、そして**もうひとつは「脚気」**である。

脚気はビタミンが不足することによって、心臓の働きが悪くなり、足がむくんで、**最悪の場合は死に至る**という病気である。

栄養状態が良くなった現代では、脚気で死亡することはほとんどないが、戦前は違った。

明治の初頭から日本では脚気が大流行し、**毎年数千人から1万人以上**が脚気で命を落としていた。当時はまだ脚気の原因がはっきりしておらず、治療法も確立していなかったため、**重症化するとまず助からなかった**のだ。

とくにその被害が深刻だったのが、軍隊だった。日清戦争では、日本の陸軍は5100人の死者を出した。そのうち、戦死者は1100人。**残る4000人の死因は脚気**だった。

当時、脚気の原因は「**栄養不足説**」と「**伝染病説**」の2つがあり、各々の説に立って世界中の研究者がその原因や予防法、治療法を探って

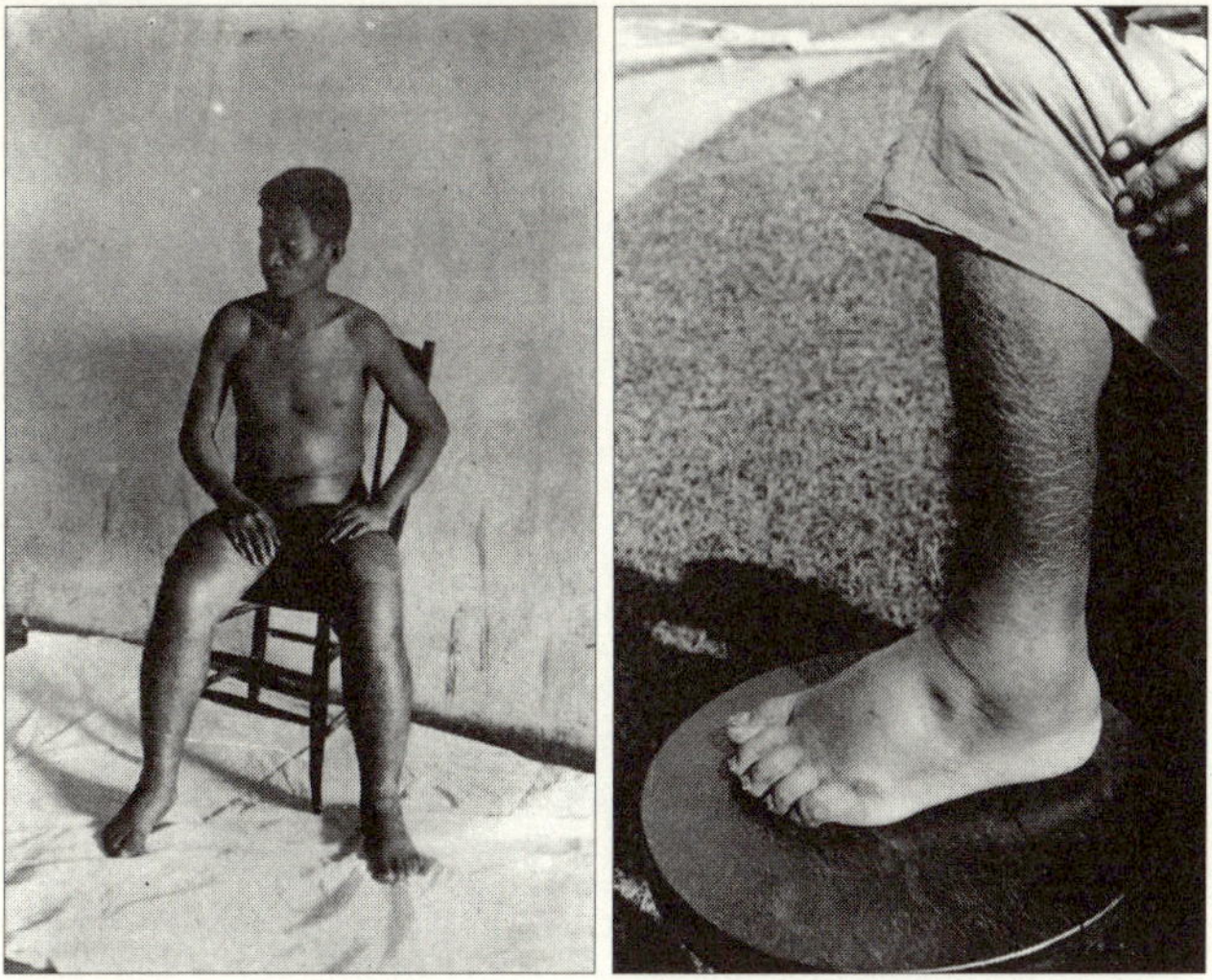

脚気患者の症例。足がむくんでいることがわかる。日本は長い間この病気に苦しめられ、脚気による死亡者数が 1000 人を下回ったのは 1950 年代になってのことだった。

いた。そんな中、脚気の原因がビタミン不足であることを突き止め、**世界で初めてビタミンB1を発見し、ビタミン剤を発明**したのが、東京帝国大学教授の**鈴木梅太郎**だった。

米糠に予防成分が含まれることを発見

鈴木は脚気の原因を探る際、あるエピソードを参考にした。

脚気は江戸時代にも日本で流行しており、「**江戸やまい**」と呼ばれていた。なぜ「江戸やまい」なのかというと、不思議と**地方から江戸に出てきた武士がかかった**からである。

鈴木はその原因が、白米食にあるのではないかと考えた。江戸時代の日本では、米を精米し

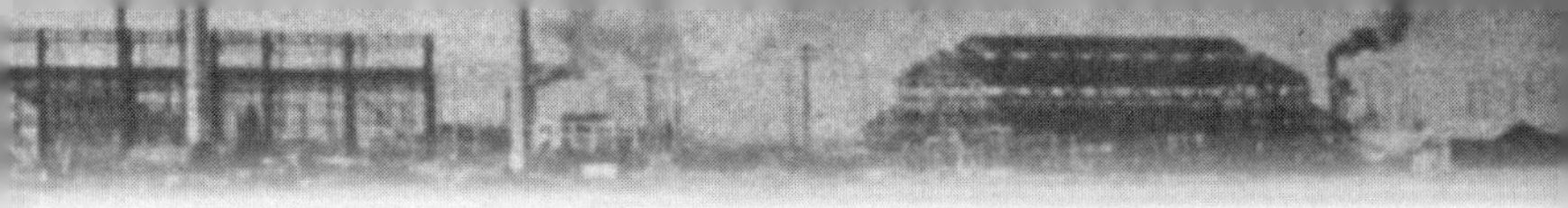

た白米を食べていたのは江戸ぐらいで、その他の地域は精米していない玄米を主食にしていたからだ。

鈴木はニワトリやハトを使って実験を始めた。一部には白米だけを食べさせ、残りには米《こめ》糠《ぬか》や麦、玄米を与えてみた。すると、しばらくして**白米だけを与えていたニワトリが、脚気とよく似た症状を起こして死んでしまった**のである。鈴木の読みは当たったのだ。

明治43（1910）年、鈴木はこの研究をまとめると学会で発表。さらに研究を続け、米糠から**オリザニン（ビタミンB1）の抽出に成功**し、ビタミンB1が脚気の予防に効くだけでなく、**健康に不可欠なものであることを解明**したのである。これは、現在の目から見ればノーベル賞級の大発見だった。

報われなかった ノーベル賞級の発明

しかし、この世紀の発見は報われなかった。

鈴木は明治44年にオリザニンの発見に関する発表を行ったが、「伝染病説」を支持する者が多かった日本の学会では興味を示されず、ドイツの雑誌に小さな要約記事が載るだけで終わる。

するとその4ヶ月後、ポーランドの生化学者カシミール・フンクが鈴木とそっくりの内容の研究報告をイギリスの生化学雑誌で発表した。

翌年、鈴木の論文がドイツの生理学雑誌に紹介されたが、掲載がフンクの後だったため、鈴木は**「真似」という汚名**を着せられてしまう。

このため、世界の化学の歴史のどこを見ても、

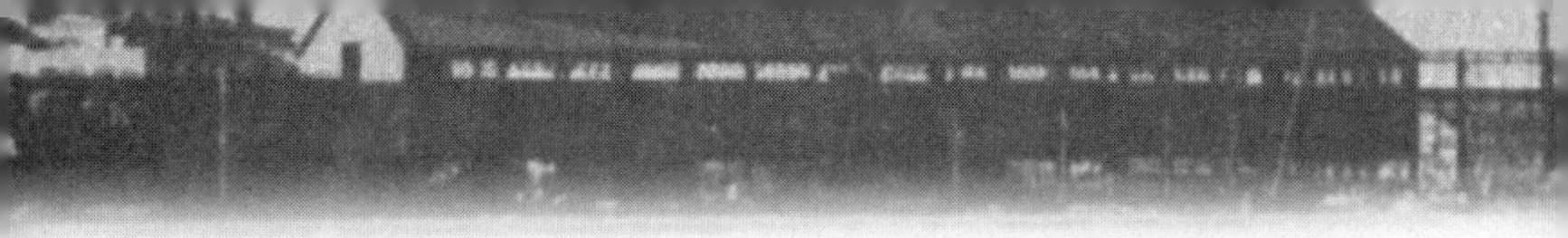

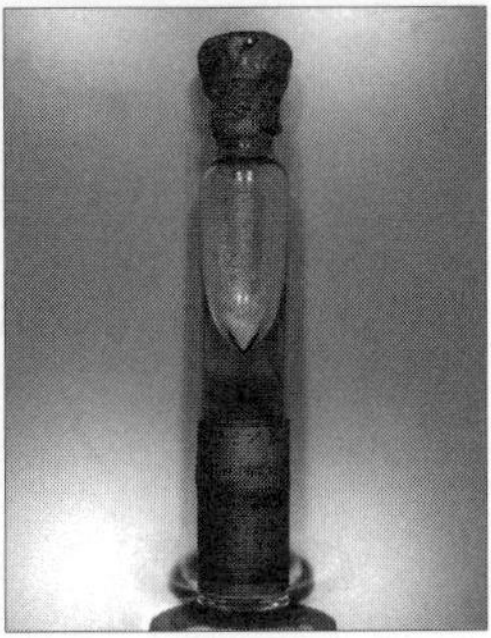

■鈴木梅太郎
（1874～1943）
帝大農化学部（現・東京大学農学部）を卒業後、ドイツに留学。帰国後に東京帝国大学の教授となり、オリザニンの研究に従事。1922年には合清酒も発明。上写真は初めて合成されたオリザニン。（写真提供：国立科学博物館）

ビタミンの発見において鈴木梅太郎の名前はほとんど見当たらない。**ビタミンB1もフンクが発見者だとされている**（フンクはビタミンという名前の名付け親でもある）。

オリザニンは、脚気特効薬として三共から発売された。鈴木は臨床実験を呼びかけたが、脚気患者に対してほとんど試されなかった。

だが、カシミール・フンクの発表が欧米の学会で評価されると、日本でもようやく脚気が栄養不足によるものという認識が広まり、**鈴木の発見も再評価**されるようになる。

大正13（1924）年には、鈴木はオリザニン発見で「日本のノーベル賞」といわれる**帝国学士院賞を受賞**。2年後には、オリザニンの製造法の発明に対し、帝国発明協会から恩賜記念大賞が贈られている。

破傷風菌の発見

日本医学の草創期を支える

怪我をしたとき、その傷口から細菌が入ることで重篤化し、死に至ることもある「**破傷風**」。人類は長い間、この破傷風に悩まされてきた。

この破傷風の原因を突き止め、治療法を開発したのは、明治時代の日本人、かの**北里柴三郎**なのである。

北里柴三郎は、嘉永5（1852）年、肥後の北里村（現・熊本県阿蘇郡小国町字北里）の庄屋の家に生まれた。母親は武家の娘であり、親戚には漢学者などもおり、幕末には熊本藩の藩校時習館に入学するなど、武家と同様、もしくはそれ以上の教育を受けて育った。

維新後は、熊本医学校（熊本大学医学部の前身）や設立間もない東京医学校（現・東京大学医学部）に学んだ。卒業後の明治18（1885）年、ドイツ留学を命じられ、**細菌学の世界的権威であるローベルト・コッホ**に学ぶ。

これが、北里の運命を大きく変えることになった。

世界的な研究者であるコッホの影響を受けて

細菌学の世界的権威ローベルト・コッホ（左）と北里柴三郎（『北里柴三郎伝』より）

北里は研究者として大きく成長する。睡眠時間を削って、その分を実験時間にあてて、一心不乱に研究に打ち込んだ。

北里は、自分で試験官やビーカーの器具すべてを洗うなど細心の注意を払い、実験に妥協を許さなかった。また北里は、実験器具に関しても独自の創意工夫をこらした。培養液から雑菌を完全に取り除くことができる「北里柴三郎式細菌濾過器」などは、非常に高く評価された。

破傷風菌の特定に世界で初めて成功

それらの努力が、大きな結果に結びつく。

明治22（1889）年、ついに**破傷風菌の純粋培養に成功**したのだ。

当時の医学界では、破傷風が傷口から入った細菌により引き起こされることまでは確認されていた。しかし、その細菌がどんな種類のものなのかということまではわかっていなかった。

北里は、自らが純粋培養した破傷風菌を使って、毒素が破傷風の症状を起こすことを実証し、**破傷風を起こす細菌を特定することに成功**したのである。

血清療法の発明でノーベル賞候補になる

北里柴三郎は、破傷風菌の発見過程において、もうひとつ偉大な発明をしている。

人工的に培養した破傷風菌により破傷風を発症させると、**免疫が生じることがわかった**のである。この免疫を使って治療に応用したのが**「血清治療」**である。

血清治療というのは、毒素を弱めたものを動物などに注入し、免疫を持った血清をつくり、その血清を使って治療するというものである。

これは医学界においてとてつもない大発見だった。

発見者の北里は、その功績が認められ、明治34（1901）年に**第一回ノーベル医学賞の候補**になった。

しかし、この時に受賞したのは、北里と連名で血清療法の論文を発表した**エミール・アドルフ・フォン・ベーリング**だった。

なぜ北里はノーベル賞を受賞できなかったのか。その理由は諸説あるが、「日本の医学者がそんな偉大な発見をできるわけがない」という

多くの優れた人材を輩出した北里研究所（『北里研究所二十五年史』より）

先入観が審査員たちの間にあったのではないかとも言われる。

当時、医学界のみならず、科学の分野で欧米人以外の人種が認められることは稀だった。

そのため、ベーリングと北里は共同研究していたにも関わらず、**ベーリングの功績とみなされてしまった**のだ。当時の状況を考えれば、第一回目のノーベル医学賞候補に日本人が入っていたというだけで、とてつもない快挙と言えたのである。

北里は、ドイツ留学から帰国した後は、福沢諭吉らの支援で**伝染病研究所（北里研究所の前身）を設立し、日本の伝染病医療に尽力**した。

この伝染病研究所からは、赤痢菌を発見した志賀潔や、黄熱病の研究などで知られる野口英世など、優れた人材が輩出されている。

アドレナリンの発見

窮乏する農村を救いたい　幕末の秀才の決意

人は食物を食べるとき、消化のために特別な酵素を分泌している。胃液に含まれる**ペプシン**、膵臓から分泌される**トリプシン**など、理科の授業で一度は聞いたことがあるはずだ。

その消化酵素を取り込むことで食物の消化を助けてくれるのが、「**消化酵素剤**」と呼ばれる薬である。消化酵素剤は現在、胃腸薬として様々な種類が製造販売されている。

この「消化酵素剤」を発明したのは、大日本帝国時代の日本人、**高峰譲吉**である。

高峰譲吉は安政元（１８５４）年に、加賀前田藩の御典医を代々務める高峰家の長男として、現在の富山県高岡市に生まれた。11歳で藩の長崎留学に選ばれるなど幼い頃から秀才の誉れ高く、明治６（１８７３）年には日本初の工業大学・工部省工学寮（現・東京大学工学部）に一期生として入学した。

高峰は工学寮では応用化学を学んだ。医者の息子であるのに医学を選ばなかったのは、**窮乏する農家を救うため**だったとされる。

■高峰譲吉
（1854～1922）
化学者、実業家。渡米する日本人がまだ珍しかった時代、アメリカに生活の拠点を置いて活動。消化酵素剤「タカジアスターゼ」や「アドレナリン」を発見した。大正11年にアメリカで息を引き取るまで、日米友好のために奔走した。（写真は橋爪恵『巨人高峰博士』三共より）

当時はまだ化学肥料が普及しておらず、農作物のできは天候に大きく左右された。農家はたびたび凶作に苦しみ、飢えることもあった。**化学肥料を研究すれば、不作に苦しむ農村を救うことができる**と考えていたのだ。

高峰は勉学に励み、明治12年に工学寮を首席で卒業。翌年、英国留学生に見事選出される。

イギリスに渡った高峰はグラスゴー大学で化学を修める傍ら、休日には近隣都市にまで足を伸ばし、化学肥料製造工場を精力的に視察。時には働かせてもらったりして、技術を学んだ。

3年の留学を終え、帰国した高峰は農商務省に入省し、化学肥料の研究を本格的に始める。明治17（1984）年にはアメリカ南部のニューオリンズで開催される万国工業博覧会に事務官として参加。欧米の進んだ化学肥料に触

れたことで、日本でも肥料を工業化すべきだという思いを持つようになる（この時、高峰は日本館の案内役をしていた縁で地元名家の娘キャロライン・ヒッチと交際、後に婚約している）。

帰国した高峰は、さっそく化学肥料の工業化に乗り出し、経済界の大物、渋沢栄一に協力を依頼する。化学肥料の効能を熱っぽく語る高峰に渋沢は感銘を受けた。

そして明治20年、高峰は渋沢の助力を得て、**日本初の人造肥料会社である東京人造肥料会社（現・日産化学工業）を設立**したのである。

世界初の消化酵素剤の発明

念願の肥料会社を設立した高峰は、ヨーロッパやアメリカを訪れ、工場で使う機械や肥料の原料を買い集めた。その途中、ニューオリンズに立ち寄り、キャロラインと結婚。これが記録に残る上では**初のアメリカ人女性との国際結婚**とも言われている。

キャロラインとともに日本に戻った高峰は、会社を軌道に乗せるために、昼夜を問わず忙しく働いた。化学肥料は徐々に農村に浸透し、会社の業績も上がってきた。

そんな時、アメリカの大手ウイスキー会社から、ウイスキー製造の技術指導の依頼がくる。

高峰は化学肥料を研究する一方、日本酒などの製造に用いる麹《こうじ》を安く大量に製造する方法を開発し、アメリカなどで特許を申請していた。

それを知ったウイスキー会社が高峰を技術者として招聘したいと言ってきたのである。

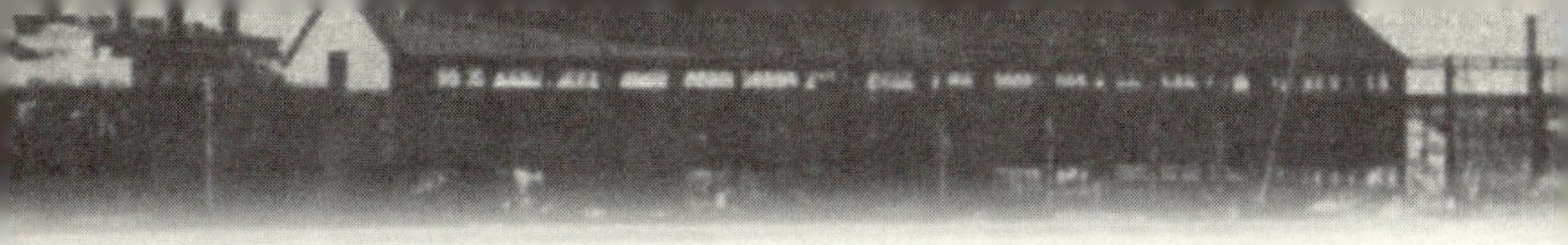

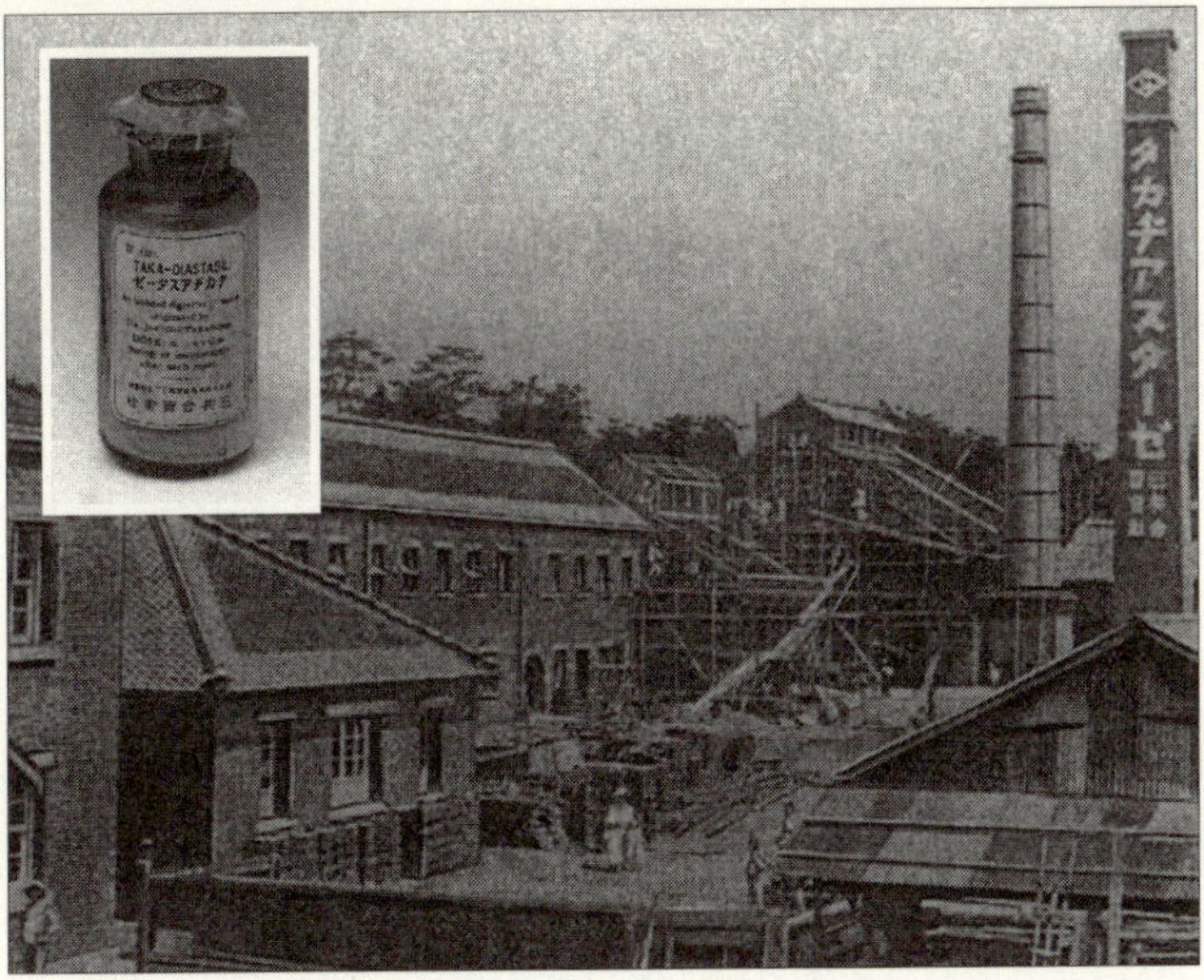

タカジアスターゼの日本での製造・販売を行った三共株式会社（現・第一三共株式会社）の品川工場とタカジアスターゼ（三共『三共百年史』より）

高峰は大いに悩んだが、周囲の後押しもあり、ついに渡米を決断。会社を人に任せると、明治23（1890）年に妻と2人の子どもを連れて工場のあるシカゴに向かった。

高峰の開発した麹は非常に優れており、**ウイスキーの製造に要する時間を一気に短縮**してしまった。会社はこの結果に驚き、高峰の製造法でウイスキーを作る新工場の建設を始めた。

しかし、思わぬことからウイスキー製造は失敗に終わる。高峰の製造法で仕事を失うことを恐れた業者が反発。高峰自身も**暗殺されかけるなどの妨害**に遭い、ついには工場が原因不明の不審火で焼け落ちてしまった。

ウイスキー製造を断念した高峰は、シカゴに残って研究を続けていた。明治27年、研究の過程で、モルトからデンプンを分解する消化酵素

「ジアスターゼ」の分離に成功し、その消化酵素を**「タカジアスターゼ」**と命名した。これが世界初の消化酵素剤の誕生だった。

高峰は「タカジアスターゼ」が胃腸の消化を助けるものであることを知り、製造法の特許を取得。アメリカの研究所や学会を訪れ、その効能を説いて回った。すると、ハーバード大学が高峰の考えに共感。タカジアスターゼの効能を実証してくれた。

タカジアスターゼはその後、アメリカの製薬会社最大手、パーク・デイビス社より「タカジアスターゼ」の名前で製品化された。**高峰の発明した消化酵素剤は大ヒットし、世界中で販売**されるようになった。

明治32（1899）年には、高峰が協力して、日本でのタカジアスターゼの販売を行う**三共商店**が創業する。三共商店は後に三共株式会社（現・第一三共株式会社）に改称、高峰はその初代社長に就任している。

世界で初めてアドレナリンを発見

高峰には、もうひとつ隠れた偉業がある。それは、**アドレナリンの発見**である。

アドレナリンは動物の副腎（腎臓の隣にある臓器）から分泌されるホルモンの一種で、血圧を高める働きがあるために、外科手術や喘息の治療薬などとして使われている。

当時、そうしたホルモンがあることはすでに医学界で知られていた。しかし、まだその抽出には誰も成功しておらず、世界中の学者が競っ

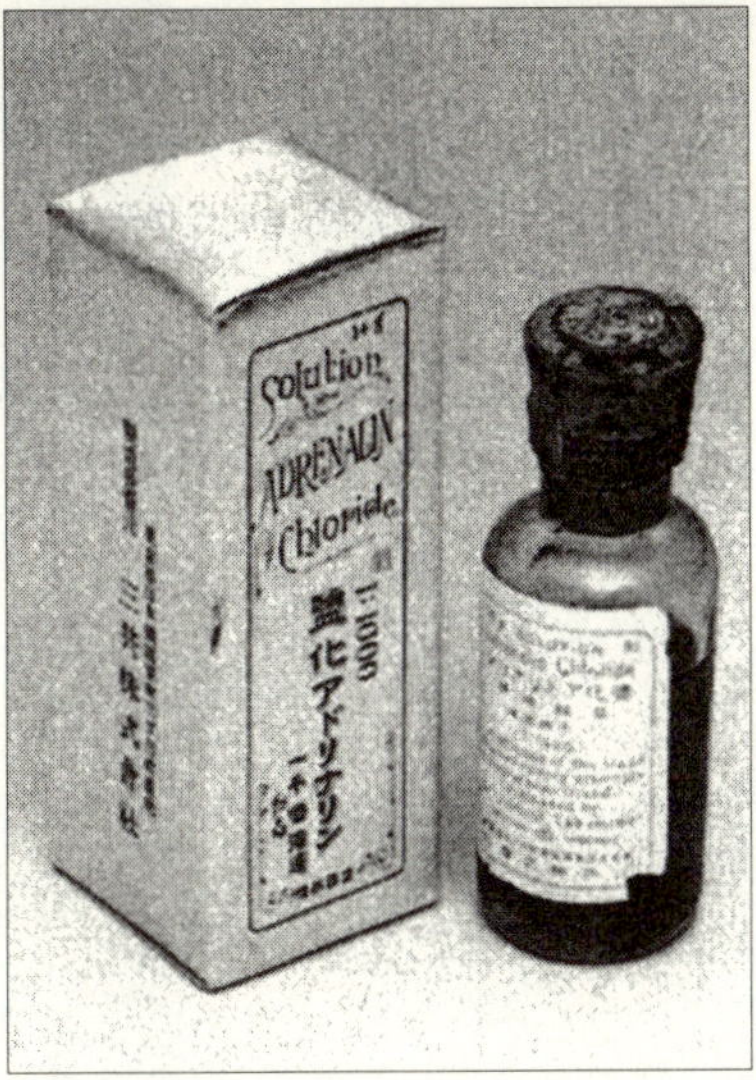

三共株式会社が大正９（1920）年に発売した「塩化アドレナリン」。高峰らとほぼ同時期にアメリカの研究者がアドレナリンを抽出していたため、どちらが最初に発見したのかについて争いが起こった。高峰らの主張は後に認められたが、アメリカではいまでも「アドレナリン」のことをその研究者が名づけた「エピネフリン」と呼ぶことが多い。（画像は三共『三共百年史』より）

て研究をしていた。

高峰は技術顧問を務めていたパーク・デイビス社の依頼を受けて、日本人助手の上中啓三とともにアドレナリンの抽出の研究を始めた。

そして明治33年、世界の研究者を出し抜き、**ウシの副腎からアドレナリンを抽出**し、**結晶の製造に成功**してしまう。

明治34（1901）年、高峰は、全米医学協会年次総会で、副腎から分泌される有効成分の結晶化に成功したことを発表し、その化学物質を「アドレナリン」と名付けた。この発見により、一躍世界的な化学者となった。

「アドレナリンが出た」という言葉は、興奮したときによく用いられ、一般にも浸透している。その言葉は、明治の日本人化学者がつくったものなのである。

オギノ式避妊法の発明

不妊治療の学説が避妊法として広まる

オギノ式避妊法というと、保健体育の授業などで、多くの人が耳にしたことがあるのではないだろうか？

女性はいつごろ受胎して、妊娠するのか。

実は女性の受胎については、90年ほど前まで大きな謎だった。

その謎を世界で初めて解明し、

「次の月経の時期によって、妊娠する時期を逆算することができる」

としたのが、大日本帝国時代の日本人、**荻野久作博士**である。

荻野久作は、明治15（1882）年、愛知県下川村（現・愛知県豊橋市）に農家の二男として生まれる。

幼い頃から勉強がよくできたため、19歳のときに漢学者の養子となり、東京帝国大学医学部に進学する。卒業後は貧しい実家を支えるために、新潟の病院に就職した。

そこで見た農村の現状に、荻野はショックを受ける。

■荻野久作
(1882～1975)
愛知県出身の産婦人科医。東京帝国大学の医学部を卒業後、臨床医として新潟県の病院に赴任。不妊症の女性などの診察を通じて、データを蓄積させ、月経と排卵、受胎期の関係を明らかにした「荻野学説」を提唱した。(写真提供：朝日新聞社)

当時の農村では、労働力を得るために、**女性はとにかくたくさん子どもを産む**ことが求められていた。そのため、子どもができない女性はそれだけが理由で離婚されたり、思い悩んで自殺してしまうケースもあった。

荻野はそうした女性を救うために、月経と排卵日、受胎期の関係の解明に取り組むようになった。

その頃の医学会では、ドイツの医師が提唱した「**排卵は28日月経周期の女性では、月経後の14日から16日の3日間に起こる**」というものが定説になっていた。しかし、この定説には例外も多く、はっきりとしたことはわかっていない状況だった。

荻野は患者への問診を通じてデータを集めると、丁寧に検証を行っていった。

研究開始から3年後の大正13（1924）年、荻野は**「次回予定月経の12日から16日前の5日間が排卵期、12日から19日前の8日間が受胎期」**だとする**「荻野学説」**を発表する。

荻野学説はそれまでの医学界の常識にとらわれない、大胆な発想でできたものだった。

当時の医学界では、「月経が終わってから、いつ排卵日や受胎期が訪れるか」ということに主眼が置かれていた。しかし、月経の周期は常に一定ではなく、排卵日を正確に知ることはできなかった。

荻野は診察に訪れた女性が「次の月のもの（月経）の2週間前になると痛む」と排卵痛を訴えたことをヒントに、排卵日が「月経日の後」ではなく、**「月経日の前」に起きるもの**であることに気がついたのである。

ローマ法王も認めたオギノ式避妊法

女性が妊娠しやすい時期を初めて特定した画期的な学説だったが、**荻野の発表は日本の学界の注目を集めることはなかった。**一介の町医者である荻野にそうした発見ができるはずがないと思われたのである。

昭和4（1929）年、荻野はドイツに渡った。医学先進国のドイツならば、自分の研究価値が理解され、不妊や多産に悩む世界の女性を救うことができると思ったからだ。

荻野は論文をドイツ語で書き直すと、現地の大学や研究室を飛び込みで訪れ、論文を読んでくれないかと頼んで回った。

荻野の学説に基づく避妊法を容認したローマ法王パウロ６世（左）。「オギノ式」はコンドームやピルなどに比べると不確実なため、医学的には推奨されていない。

ドイツに渡って3ヶ月後、ようやくひとりの研究者が論文を読み、ドイツの医学誌に掲載してくれると約束してくれた。

昭和5年、荻野の論文**「排卵日と受胎日」**がドイツの婦人科医学誌に掲載されると、意外なところで評判になる。オーストリアの研究者ヘルマン・クナウスが学説に賛同し、避妊法として発表。すると教義上の理由から堕胎を禁じられていた**カトリックの間で流行**したのである。

昭和7年、ローマ法王のピオ11世は、論争の末、荻野式避妊法を容認すると発表。荻野学説は急速に世界に広まっていった。

荻野は、世界的に有名になった後も新潟で一介の医者として働いた。自身の学説が避妊に用いられることについては**「不妊症の治療に役立つもので、不本意だ」**と常々語っていたという。

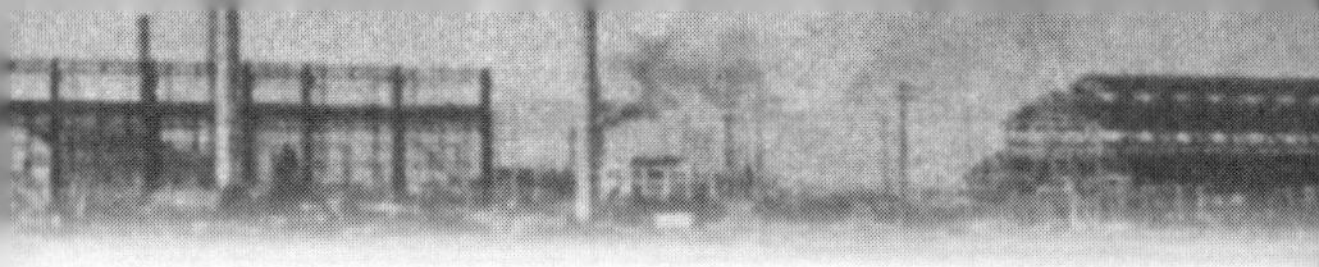

赤痢菌の発見

原因不明だった赤痢の病原菌を突き止める

赤痢は、現在でも重症だと死に至ることもある恐ろしい感染症だが、**100年前はさらに危険な病気**だった。

病原菌がまだ発見されておらず、治療法が確立されていなかったからだ。

その赤痢の病原菌を発見し、医学史に大きな足跡を残したのが、明治時代の日本の若い研究者、**志賀潔博士**である。

志賀潔は、明治3（１８７０）年に旧仙台藩の藩医、佐藤家に生まれた。

母方の志賀家も代々藩医を務めていた家系で、明治19（１８８６）年に志賀家の跡取り養子になる。そしてこの年、養家から学資を出してもらい、高等中学（後の第一高等学校）に進学。帝国大学医科大学（現・東京大学医学部）を卒業した後は、大日本私立衛生会伝染病研究所に入り、**北里柴三郎の指導**を受けた。

研究所に入った志賀は、赤痢菌の研究を開始した。

当時、赤痢菌は世界の研究者が血眼になって

■志賀潔
（1870～1957）
宮城県出身の医学者。帝国大学医科大学を卒業後、北里研究所に入所。赤痢の研究をはじめ、世界で最初に赤痢菌を発見。その後、ドイツ・フランクフルトにある実験治療研究所に留学し、化学療法の研究に従事。私生活では清貧を貫き、高名を得た晩年も質素な暮らしを送った。

探している存在だった。

しかし、志賀は研究所に入ってわずか1年ほどで**その赤痢菌をあっさり発見**してしまう。

病原菌の発見に必要なことは、特別な理論や思考ではなく、とにかく顕微鏡をひたすら覗き込むことだった。

その頃、日本では赤痢が流行しており、サンプルがたくさんあった。

若く体力があり、情熱に燃えていた志賀は幸運が重なり、世界初の栄誉に浴したのである。

志賀は明治30（1897）年に赤痢菌の発見をまず国内の医学誌に発表すると、翌年、要旨論文をドイツ語で書き、海外でも発表した。

世界の研究者たちは日本の若い研究者の発見に驚き、志賀の名前をとって赤痢の病原菌は**「SHIGELLA」と名づけられる**ことになった。

主要な病原菌の属名に名前が使われているのは、**日本人では志賀だけ**である。

世界初の化学療法の成功にも立ち会う

志賀は明治38（1905）年、ドイツ・フランクフルトの実験治療研究所に留学し、当時の細菌学の最高権威者だった**パウル・エールリッヒ**の指導を受けた。

志賀は、エールリッヒが行っていた化学物質を使って治療する「**化学療法**」**のプロジェクト**に参加し、明治37（1904）年に世界初の化学療法の成功にも携わっている。化学療法というのは、化学の力で作られた毒性により、病原菌などを殺す治療法のことである。現在ではガン治療での化学療法が有名である。

野口英世が成功する足がかりをつくる

志賀には、おもしろいエピソードがある。

フィリピンの赤痢流行対策のため、アメリカ・ペンシルバニア大学のフレキシナー博士を団長とする視察団が派遣された。このときフレキシナーは、赤痢菌の発見者である志賀を表敬訪問した。

当時、志賀はドイツ留学から戻って北里研究所にいたが、北里研究所には英語の話せる者が少なく、唯一話せたのが**野口英世**だった。そのため彼が、フレキシナー一行の案内を引き受けたのである。

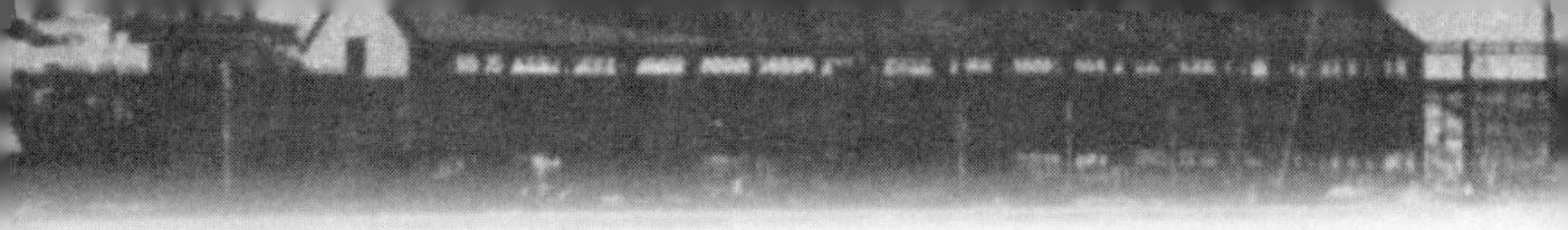

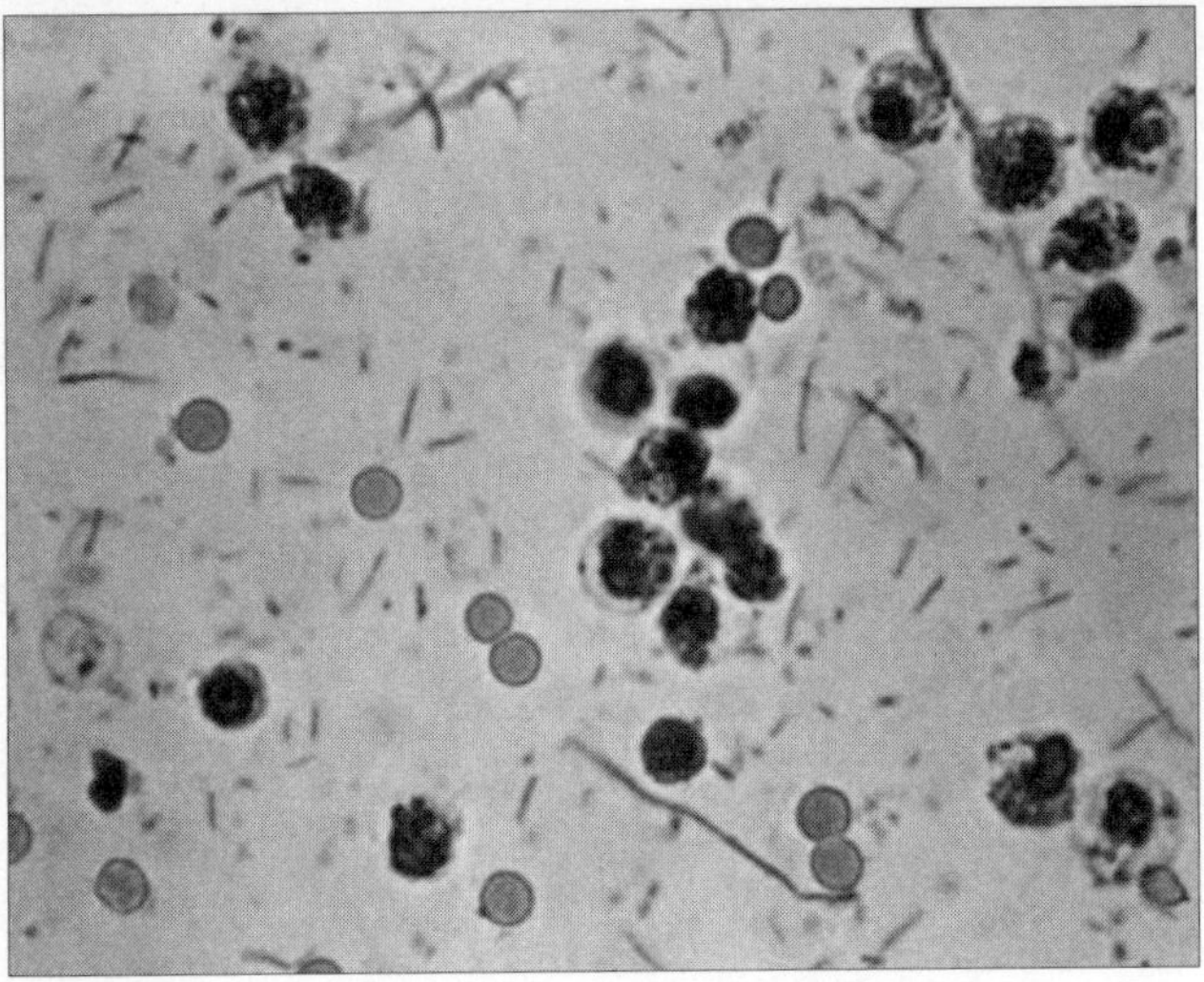

志賀博士らによって発見された赤痢菌

野口は帝大に行かずに医師試験を受けて医師になった変わり者で、北里研究所でも決して厚遇されてはいなかった。

野口英世は、このときにフレキシナーとの交流により、フレキシナー博士から「アメリカに来た際には世話をする」という言葉をもらった（フレキシナー博士によると、博士はそんなことを言った記憶はなく、言ったとしても単なる社交辞令程度のものだったとされている）。野口はその言葉だけを頼りに渡米し、研究者として大成するのである。

志賀潔の赤痢菌の発見が、回り回って野口英世の成功にも関係しているとは、偶然とはいえ、なかなかおもしろい。ちなみに志賀潔は野口のことを**「非常に勤勉で精力的な、人間発動機のような人物」**と称している。

ペースメーカーの原理の発見

ペースメーカーの父と呼ばれた男

医学の発展により、現在では心臓はその中にある「**ペースメーカー細胞**」という筋状の組織が電気的な信号を発することにより、人間の意思とは関係なく動くことがわかっている。

しかし、20世紀初頭は、まだ心臓の動く仕組みは解明されていなかった。

なぜ、心臓は動くのか。当時の医学界は神経が動かす「**神経原説**」と、筋肉が動かす「**筋原説**」に二分され、それぞれが自説の正しさを主張していた。

そんな中、心臓の動く仕組みを解明し、その論争に終止符をうったのが、**田原淳《すなお》という日本人医学者**である。

田原は地道な実験を根気強く続け、明治39（1906）年に、**心臓を動かしている特殊筋系統の全容を解明**した。

この世紀の大発見は、現在全世界で多くの人命を救っている**〝心臓ペースメーカー〟**を発明するうえで基礎となった非常に重要なものだ。

よって田原はペースメーカーの発明者ではな

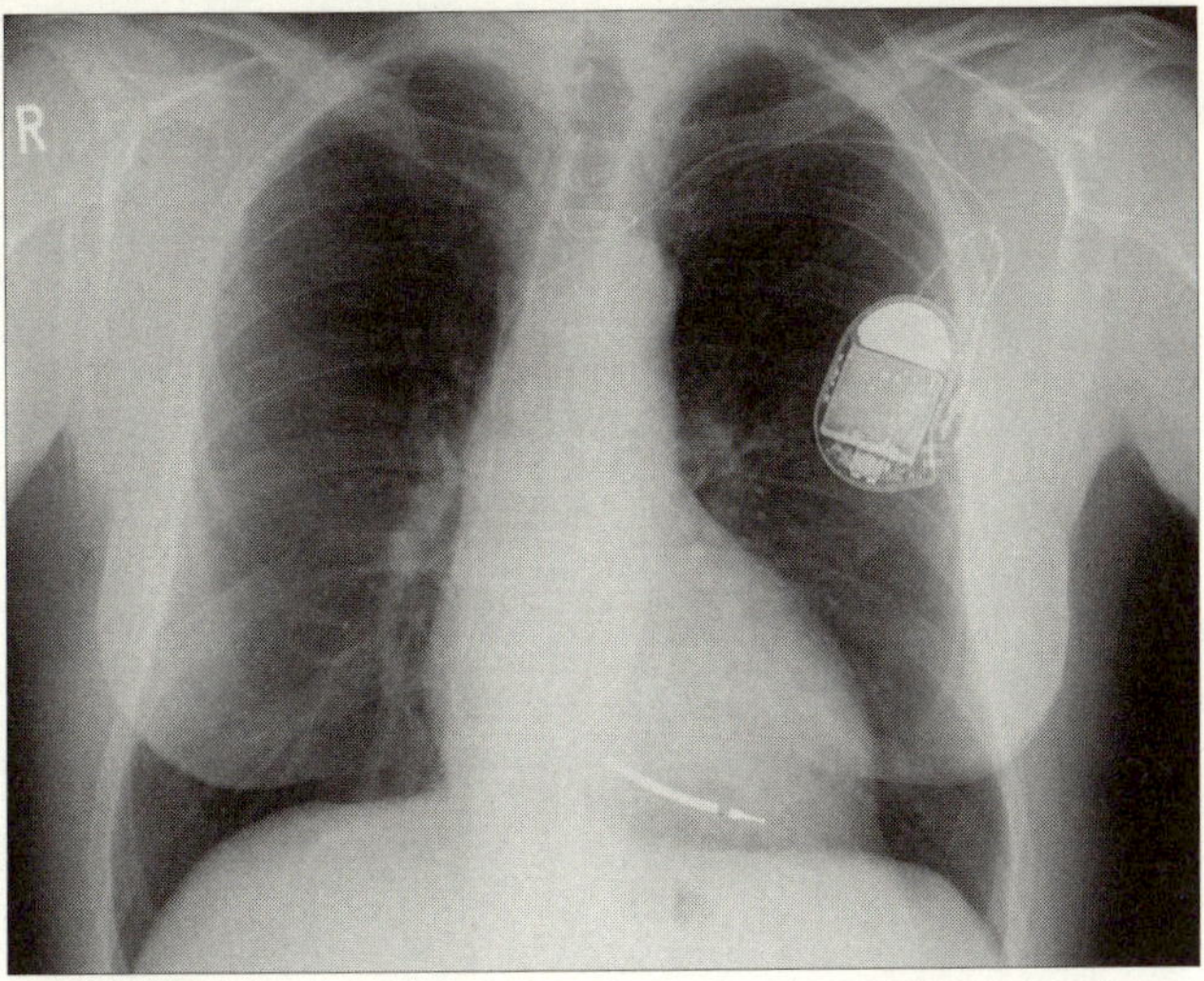

心臓に電気信号を送り、正常な動きを助けるペースメーカー（右）。その開発には、日本人医学者の発見が大きく貢献している。（©Sunzi99）

いが「**ペースメーカーの父**」とも呼ばれている。

世界の最先端を行く ドイツ医学にあこがれる

田原淳は明治6（1873）年、大分県東国東郡西安岐村（現・安岐町大字瀬戸田）に十人兄弟の長男として生まれた。

優秀だった田原は、大分県中津で医者をしていた叔父の養子となり、明治31（1898）年に東京帝国大学医学大学に入学する。

当時の東大ではドイツ人の内科医ベルツと、外科医のスクリバが教鞭をとっていた。祖の薫陶を受けた田原は、**ドイツ医学の奥深さ**に惹かれていった。

大学を卒業した田原は、臨床医になるために

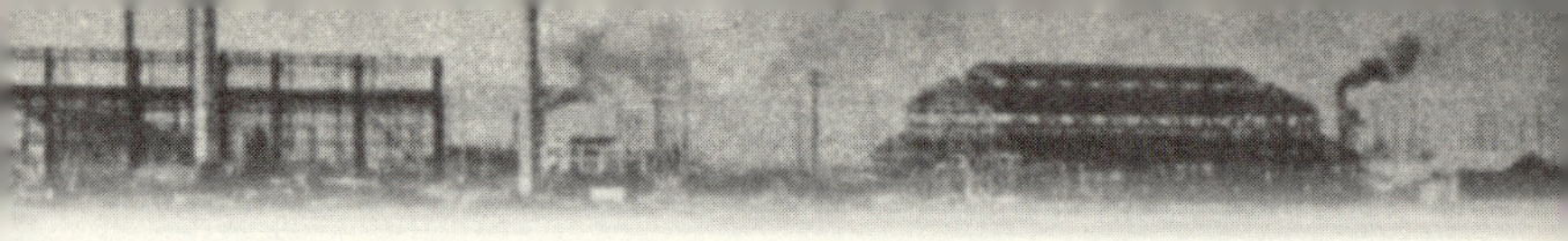

研修を受け、一度は中津に帰った。

しかし、医学の本場ドイツでさらに学びたいという気持ちが抑えられず、明治36年、私費での留学を決意。憧れのドイツに渡り、マールブルク大学病理学教室のルドヴィヒ・アショフ教授の下で3年4カ月にわたって病理解剖学を研究した。

ちょうどその頃、日本とロシアの関係が悪化し、明治37（１９０４）年に日露戦争が勃発した。ドイツはロシア寄りの外交政策をとっていたため、日本とドイツの関係は必ずしも良好とは言えなかった。しかし、アショフらは田原を差別的に扱うことはなかった。

2人が出会った時、アショフは37歳、田原は30歳、歳の差はそれほどない師弟関係ではあったが、田原はアショフを父のように慕った。

医学を発展させた心臓刺激伝導系の発見

田原がドイツに留学した頃、ドイツ医学界では「肥大した心臓はなぜ麻痺を起こしやすいのか」というテーマが問題となっていた。

アショフにこの問題を研究するように命じられた田原は、まずアショフが所持していた約１５０個の心臓標本を使って研究を開始する。

田原は心臓の切り取り、連続切片標本を造ると、根気よく顕微鏡で観察した。そして、肥大した心臓が麻痺を起こす原因が、**それまで定説とされていたものとはまったく別のものであることを突き止めた**のである。

明治37年、アショフは第76回ドイツ自然科学

ドイツで田原を指導した
ルドヴィヒ・アショフ教授（上）

ペースメーカーの原理を発見した
田原淳博士
（1873～1952）

者集会で田原の研究成果を報告した。日本からきた田原の名前は、ドイツの医学界で話題になった。

その後、田原はアショフから心臓のほぼ中心にある**「ヒス束」**と呼ばれる筋肉の束を研究するよう命じられる。ヒス束はドイツの医学者、ウィルヘルム・ヒス・ジュニアが発見したものだったが、どういう役割があるのか、まったくわかっていなかった。

田原はまずヒス束を正確に理解するために、構造の研究にとりかかった。

最初は人の心臓を使ったが、人間の心臓では筋肉束と心筋繊維の区別がつきにくく、思うような成果が上がらなかった。

そこでイヌやネコの心臓標本を調べると、どうやらヒス束はプルキンエ線維というものと関

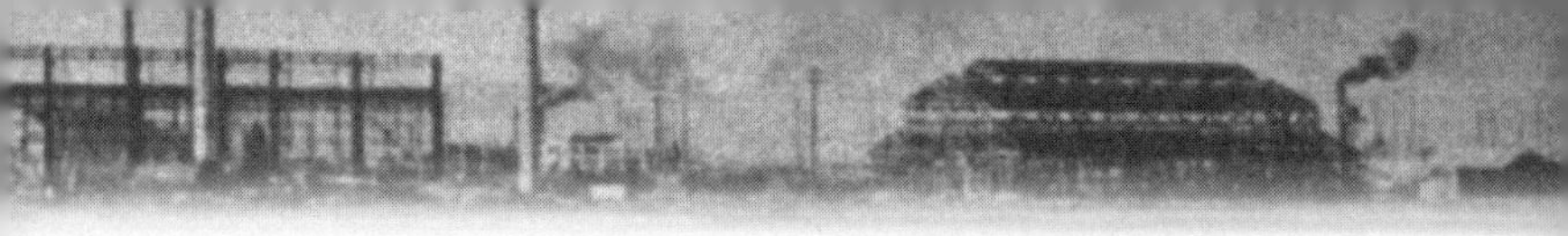

係がありそうなことがわかった。

その後、ヒツジの心臓を細かく観察してみると、ヒス束が左右に分かれ、それがプルキンエ線維につながっていることが非常にはっきりと見て取れた。

一度このような関係が分かれば、ヒツジ以外の動物の心臓を観察する場合にも応用できる。

田原は様々な動物の心臓標本を薄く切り取り、詳しく調べていった。**標本の数は数千、数万**にもなった。

そうして田原は、ヒス束の上に細い筋肉の繊維が絡み合った房室結節があることを発見。心臓の中には「**刺激伝導系**」という道筋があり、そこを電気信号が伝わることで、心臓が規則正しく動くことを解明したのである。

田原はこれを「**心臓刺激伝導系**」と名づけた。

弟子の思いに応えた恩師アショフ

田原は、苦労を重ねてようやく発見したこの研究成果を、自らの名前で発表したいと考えていた。

ドイツに留学したいと伝えた時、両親は最初は反対した。田原は必ず大きな成果を上げると約束して、両親を説得し、ドイツにやってきた。「心臓刺激伝導系」の発見を田原の名前で発表できれば、日本にいる両親もきっと喜ぶはずだった。

田原は悩んだ末、自分の気持ちを素直につづった手紙をアショフに送った。

アショフは手紙を読み、田原の両親の思う気

九州大学で講義をする田原淳博士（右）

持ちに感銘を受け、田原の願いを聞き届けた。

こうして田原は、明治39（１９０６）年に「哺乳動物心臓の刺激伝導系―房室連結束とプルキンエ線維に関する解剖学的・組織学的研究」という２００頁の書籍をドイツのグスタフ・フィッシャー社から出版した。

この**「刺激伝導系」**という言葉は田原の造語であり、この論文ではじめて世界に登場したものである。現在、心臓病の診断には心電図が使われているが、心電図も田原の発見があって、初めて実用化されたものだった。

田原はこの年、日本に帰国する。

そして、明治42年には九州帝国大学の医学部の教授となり、大正３（１９１４）年には、刺激伝導系発見の功績が称えられ、**学士院恩賜賞を授与**されている。

第三章　暮らしを変えた医学と健康の発明

インスタントコーヒーの発明

インスタントコーヒーを発明したのも日本人

お湯や水を注ぐだけで、手軽にコーヒーを味わうことができる**インスタントコーヒー**。

実はこれも戦前の日本人が発明したものであることを知っているだろうか。

しかも、それは**明治時代**。まだコーヒーが日本に入ってきて間もない時期のことである。

インスタントコーヒーの歴史は古く、18世紀の後半には、イギリスで水を注ぐだけでできるインスタントコーヒーの原型が登場したと言われている。

しかし、このときのインスタントコーヒーは保存が利かなかったらしく、時間が経つとすぐに味が落ちてしまい、結局、実用化されることはなかった。

その次にインスタントコーヒーが登場するのは、南北戦争が起きる前の19世紀中頃のアメリカだった。粉末コーヒーを固めたものが発売されたが、こちらも保存が利かず、すぐに消えてしまった。

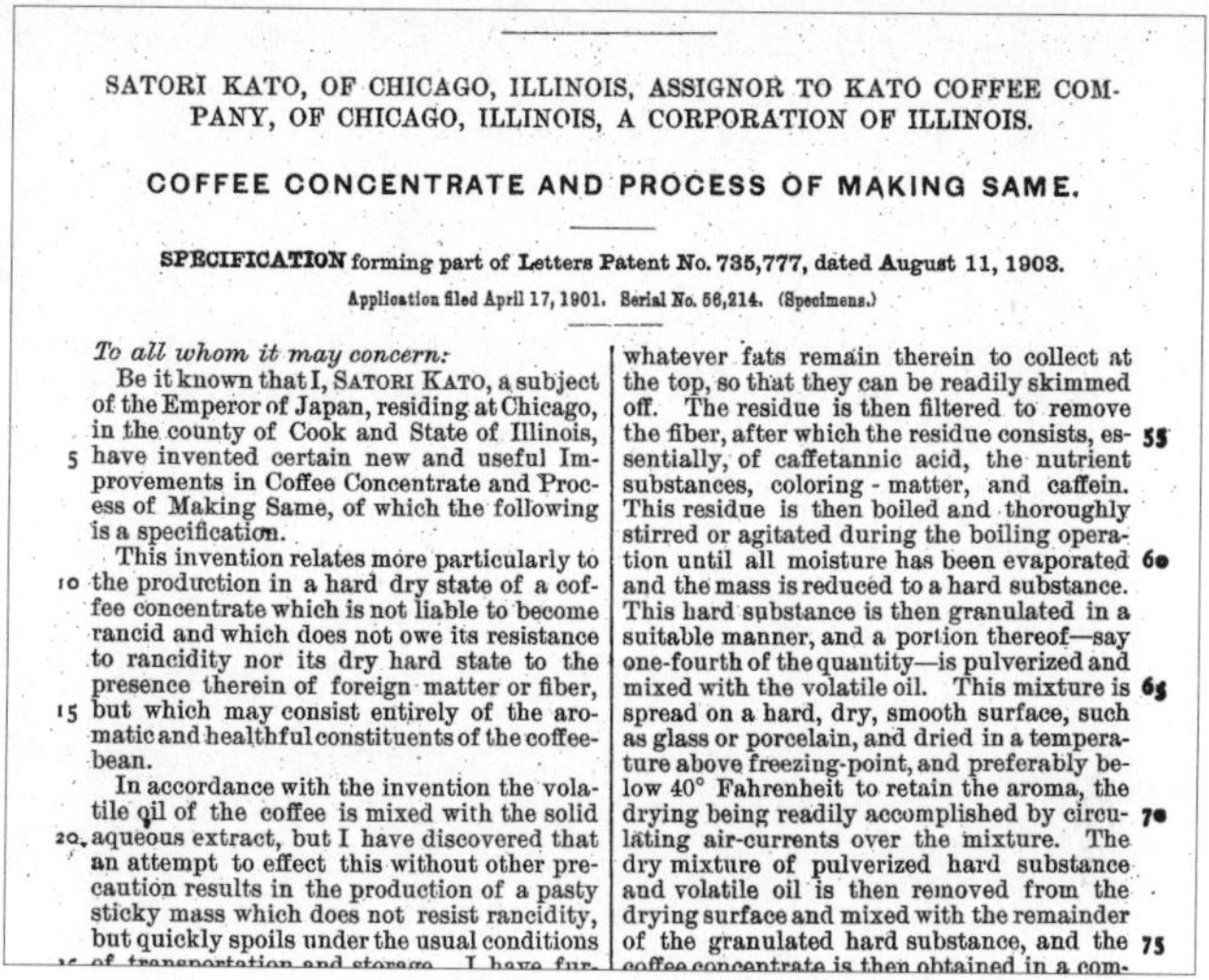

SATORI KATO, OF CHICAGO, ILLINOIS, ASSIGNOR TO KATO COFFEE COMPANY, OF CHICAGO, ILLINOIS, A CORPORATION OF ILLINOIS.

COFFEE CONCENTRATE AND PROCESS OF MAKING SAME.

SPECIFICATION forming part of Letters Patent No. 735,777, dated August 11, 1903.

Application filed April 17, 1901. Serial No. 56,214. (Specimens.)

To all whom it may concern:

Be it known that I, SATORI KATO, a subject of the Emperor of Japan, residing at Chicago, in the county of Cook and State of Illinois, have invented certain new and useful Improvements in Coffee Concentrate and Process of Making Same, of which the following is a specification.

This invention relates more particularly to the production in a hard dry state of a coffee concentrate which is not liable to become rancid and which does not owe its resistance to rancidity nor its dry hard state to the presence therein of foreign matter or fiber, but which may consist entirely of the aromatic and healthful constituents of the coffee-bean.

In accordance with the invention the volatile oil of the coffee is mixed with the solid aqueous extract, but I have discovered that an attempt to effect this without other precaution results in the production of a pasty sticky mass which does not resist rancidity, but quickly spoils under the usual conditions of transportation and storage. I have fur-

whatever fats remain therein to collect at the top, so that they can be readily skimmed off. The residue is then filtered to remove the fiber, after which the residue consists, essentially, of caffetannic acid, the nutrient substances, coloring-matter, and caffein. This residue is then boiled and thoroughly stirred or agitated during the boiling operation until all moisture has been evaporated and the mass is reduced to a hard substance. This hard substance is then granulated in a suitable manner, and a portion thereof—say one-fourth of the quantity—is pulverized and mixed with the volatile oil. This mixture is spread on a hard, dry, smooth surface, such as glass or porcelain, and dried in a temperature above freezing-point, and preferably below 40° Fahrenheit to retain the aroma, the drying being readily accomplished by circulating air-currents over the mixture. The dry mixture of pulverized hard substance and volatile oil is then removed from the drying surface and mixed with the remainder of the granulated hard substance, and the coffee concentrate is then obtained in a com-

インスタントコーヒーの特許要約書。左上に「SATORI KATO」の文字がある。

そんな中、いまにつながる**インスタントコーヒーを発明し、米国特許を取得**したのが、**加藤サトリ**という、ボストン在住の日本人化学者だった。

謎の多い人物、在米邦人・加藤サトリ

この加藤サトリ、**とにかく謎の多い人物**で、生没年はおろか、詳しい資料はほとんど伝わっていない。

どのようにしてインスタントコーヒーを発明したのか。残された数少ない記録を頼りにたどってみよう。

前述したように、加藤サトリの詳しい来歴はよくわかっていない。しかし、少なくとも明治

30年頃には、アメリカのシカゴに渡っていたようだ。

加藤はボストンで水に溶ける粉末状の緑茶の研究をしていた。

すると、それを知ったアメリカのコーヒー業者が、加藤に**コーヒーの粉末化**を依頼。加藤はアメリカ人化学者の協力を得て、コーヒーの粉末化に成功する。

加藤のインスタントコーヒーは、一度、液体のコーヒーをつくり、それを乾燥蒸発缶に入れて、水分を取り除く「**真空乾燥法**」でつくるものだった。

品質はかなり良かったらしく、「**カフェイン中毒者以外には満足できるレベル**」だったとアメリカの雑誌「ガリレオ」が伝えている。

加藤は明治34（1901）年に、インスタントコーヒーの米国特許を申請し、明治36年に特許を取得した。これは**米国初のインスタントコーヒーの特許**だった。

カトウコーヒーは早すぎた発明品だった

加藤はその後、インスタントコーヒーの製造と販売を手がける「**カトウコーヒー社**」をアメリカで設立する。

設立して間もない明治34年には、ニューヨーク州バッファローで開催された**パン・アメリカン博覧会にインスタントコーヒーを出品**。来場者にサンプルを配るなどして、インスタントコーヒーの売り込みを図った。

しかし、加藤のコーヒー事業はうまくいくこ

1901年にニューヨーク州バッファローで開催されたパン・アメリカン博覧会の様子

パン・アメリカン博覧会の会場で配られたカトウコーヒー社のパンフレットの表紙

とはなく、カトウコーヒーも幻となった。

なぜ、カトウコーヒーは失敗したのか。

資料があまりに少ないため、詳しいことはわからないが当時はまだコーヒーは豆から淹れるというのが当たり前だった。お湯を注ぐだけでできるインスタントコーヒーは、**便利だが新しすぎて消費者に認知されなかった**のだろう。

世界でインスタントコーヒーが普及するようになったのは、**加藤の発明から30年以上経ってから**だった。

スイスのネスレ社が昭和13（1938）年にインスタントコーヒーの「**ネスカフェ**」を発売、それが第二次世界大戦で米軍兵士に支給されてから一般的に飲まれるようになったとされる。

謎の日本人、加藤サトリのインスタントコーヒーは**早すぎた発明品**だったのだ。

第三章　暮らしを変えた医学と健康の発明

うまみの発見

明治に発見された第五の味覚とは？

味の素に代表される「**うまみ調味料**」というのは、20世紀に入って普及したものである。

それ以前の調味料は、基本的に「しょっぱい」「甘い」「辛い」「酸っぱい」のいずれかの味付けをするものだった。

しかし、人間にはその4つの味覚以外にも、「**うまみ」という味覚**があることが発見され、その「うまみ」を出す調味料が開発されたのである。

うまみ調味料は、食卓を劇的に変えた。

それまでうまみは、食材でダシをとってつくっていた。それが粉末状のうまみ調味料をお湯に入れるだけで手軽に出すことができるようになったのだ。

この便利なうまみ調味料は、日本だけでなく世界中に普及している。東南アジアの屋台などでも、味の素などの「粉末ダシ」が普通に使われているほどである。

この「うまみ」という味覚を発見し、「うまみ調味料」を発明したのは、戦前の日本人化学

■池田菊苗
（1864～1936）
東京帝国大学教授。化学者。家族と食卓を囲んでいた時に、5つめの味覚の着想を得て、昆布より「うまみ（グルタミン酸ナトリウム）」の抽出に成功。後に「味の素」として製品化され、世界の食卓の常備品となった。

者・**池田菊苗**《きくなえ》である。

池田は、元治元（1864）年に京都に生まれ、帝国大学（後の東京帝国大学）理科大学化学科を卒業し、ドイツやロンドンにも留学した将来を嘱望された化学者だった。

卒業後は帝国大学理科大学に奉職し、明治34（1901）年、37歳のときには化学教科の教授になっていた。

明治40年頃、池田菊苗は家族で食卓を囲んでいる時、ある発見をした。

その日の献立は、妻が大量に買ってきた**利尻昆布でダシをとった湯豆腐**だった。この湯豆腐を美味しそうに食べている子供たちを見て、人間の味覚には〝甘い〟〝塩辛い〟〝酸っぱい〟〝苦い〟の四味のほかに、**〝うまみ〟という味覚があることに気づいた**のだ。

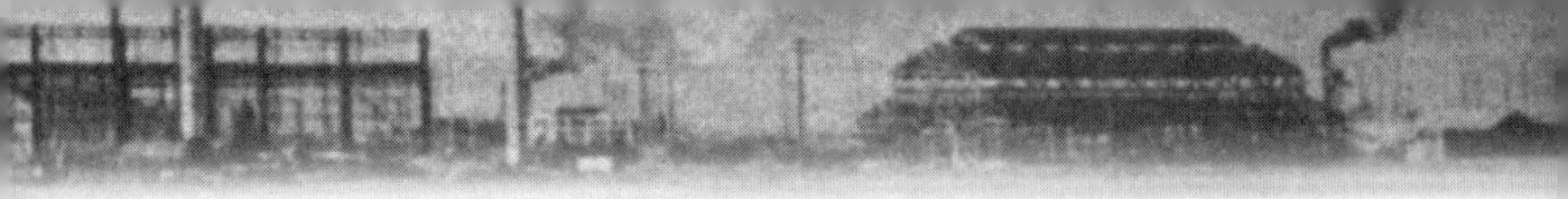

湯豆腐の昆布からうまみ成分を発見

化学者として、生涯をかけるような研究テーマを探していた池田菊苗は、この「新しい味覚」こそ、自分のテーマだと確信した。

そして台所の土間につづく板間を私設の実験室にし、机や実験道具やノートを持ち込み、研究に没頭した。

昼は大学で教鞭をとり、夜は自宅の小さな実験室で昆布を相手に研究に取り組んだ。

昆布のだし汁を英国製の大きな蒸発皿で加熱して、煮汁から結晶を析出しようとしたが、なかなかうまくいかなかった。

様々な試行錯誤を重ね、明治41（1908）年、十貫目（約38キログラム）の昆布のだし汁から、**30グラムのうま味物質の結晶を単離することに成功**した。そして、この結晶を科学的に分析し、人類がうまいと感じてきた味の正体が**グルタミン酸**であることを、世界で始めて突き止めたのである。

調味料「味の素」を製品化する

池田はその後、グルタミン酸ナトリウム（「味の素」の原型）の製造方法を開発し、特許を取得。製薬会社の経営者だった知人の鈴木三郎助に、この**グルタミン酸ナトリウムの商品化**を持ちかけた。

鈴木三郎助は、この提案を受け入れ、明治42

菊田博士が初めて抽出に成功した「具留多味酸（グルタミン酸ナトリウム）」と、発売当初の「味の素」（味の素株式会社『味の素グループの百年』より）

（1909）年に鈴木製薬所（後の「味の素」）から、「味の素」という商品名で発売された。

発売当初はあまり売れなかったが、大きな新聞広告を打つなどして、次第に知名度があがり、売上が伸びていった。

池田菊苗は、その後、**理化学研究所**の創設などにも関わり、終生、日本の化学界をリードした。理化学研究所とは、渋沢栄一らの提唱で創設された、国家的な化学の研究をする機関で、後にビタミン剤の開発なども行っている（詳しくは「ビタミン剤の発明」の項目を参照）。

鈴木製薬所は急成長し、鈴木商会と名前を変えて、大正6（1917）年にはニューヨークに支店を出して海外進出を図る。そして昭和21（1946）年に再び社名を改称、現在の**「味の素株式会社」が誕生**した。

乳酸菌飲料の発明

カルピスを発明した寺の跡取り息子

乳酸菌を含んでおり、整腸効果が期待できる**乳酸菌飲料**。その一番最初の製品が日本生まれであることを知っているだろうか。

世界初の乳酸菌飲料は、大正8（1919）年に登場した**カルピス**である。そう日本人なら一度は飲んだことのある、あの飲み物である。

カルピスを作ったのは、**三島海雲**《かいうん》という人物である。

海雲は、明治11（1878）年、大阪の浄土真宗本願寺派の寺の跡取り息子として生まれた。寺を継ぐべく期待され、仏教を学ぶために東京の学校に入学。しかし、明治35（1902）年、海雲は突如学校を中退し、中国大陸に渡る。

当時、日本の若者たちの中には、日本でありきたりな仕事に就くことを嫌い、大陸での成功を夢見て海を渡る者が少なからずいた。彼らのことを「**大陸浪人**」というが、海雲も中国大陸で一旗揚げようとしたのである。

海雲は、北京で雑貨貿易商「日華洋行」を設立したり、日露戦争では蒙古（モンゴル）で百

■三島海雲
(1878 ～ 1974)
カルピス株式会社の創業者。寺の跡取り息子として生まれるも、青年期に中国大陸に渡る。帰国後、モンゴルで飲んだ乳酸飲料をヒントに、日本初の乳酸菌食品「醍醐味」を発売。研究を重ねて「カルピス」を発明した。(『業界御家庭百華譜』酒缶詰新報社より)

数十頭の馬を買い上げて陸軍省に納入するなど、13年にも及ぶ冒険的な生活を送った。

遊牧民がくれた白い不思議な飲み物

この13年の大陸生活の中で、海雲にとってもっとも印象が深かったのが、蒙古で飲んだ不思議な飲み物だった。

海雲は、蒙古でとある遊牧民と知り合いになり、その家に転がり込んでいた時期があった。ある時、海雲は長旅から体調を崩して寝込んでしまった。それを見た遊牧民が、**どろどろした乳のような飲み物**を持ってきてくれた。酸っぱい味のするその飲み物をしばらく飲み続けていると、体調は徐々に回復。それまで悩まされ

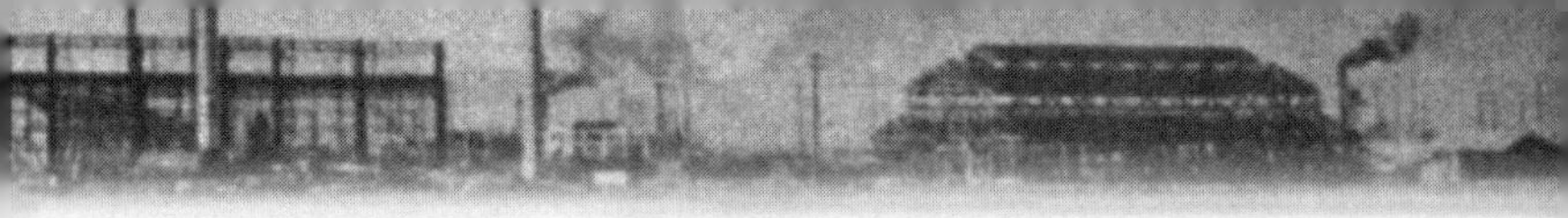

ていた腹痛や便秘、吐き気などもたちどころに収まったのである。

　この不思議な飲み物に興味を持ち、その製法を調べてみると、牛や羊の乳をビンに入れて保存し、**乳酸菌を自然繁殖させたもの**であることがわかった。遊牧民たちは経験から、乳酸菌が体に良いことを知っていたのである。

カルピスは創業者の造語だった

　明治45（1912）年、辛亥革命で清政府が倒れると、海雲も日本に帰国した。

　日本に戻った海雲は、さっそくあの飲み物の製造にとりかかる。

　大正5年（1916）年、本郷にある牛乳販売店の一室で、**醍醐味《だいごみ》合資会社**（**現・カルピス株式会社**）を設立し、ほどなく第一号製品「**醍醐味**」を開発する。

　醍醐味というのは、チーズのような食べ物を指す仏教用語で、「最上の味」という意味がある。僧侶であった海雲ならではの命名だ。

　海雲は商品をアピールするために、浄土真宗本願寺派の門主で、鏡如上人と呼ばれていた大谷光瑞に商品の宣伝文句を書かせた。宣伝文句が効いたのか、本願寺の門徒などを中心によく売れた。

　しかし、醍醐味は濃縮の全乳クリームを原料にしていたため、**10リットルの牛乳からわずか1リットル**しか製造できず、せっかく売れても大量生産ができなかった。そのため、原料に全乳ではなく、脱脂粉乳を使うことにした。

発売当時のカルピス（カルピス食品工業株式会社『70年のあゆみ』より）

研究の過程で、2日間放置した砂糖入りの脱脂粉乳が非常に味が良いことがわかった。それを改良し、「カルピス」と名づけて製品化することにしたのだ。

「カルピス」というのは、サンスクリット語で**「この上なく美味しい」**という意味の**「サルピス」**と**「カルシウム」**を掛け合わせた海雲の造語である。当時、「日本人はカルシウムが足りない」とされていたため、カルピスには製造の過程でカルシウムを加えていたのだ。

こうして大正8（1919）年7月7日、カルピスは発売された。甘酸っぱくてさわやかなこの乳酸菌飲料は爆発的にヒットした。

カルピスの成功の後、ヤクルトなど様々な乳酸菌飲料が開発された。現在では、日本のみならず世界各地で愛飲されている。

抗生物質の発明

村医者の婿養子になって進学する

感染症の菌を退治する「**抗生物質**」。これを世界で最初に共同開発したのは、ドイツのパウル・エールリヒ博士と大日本帝国時代の**医学博士の秦《はた》佐《さ》八郎《はちろう》**である。

秦佐八郎は、明治6（1873）、島根県美濃郡都茂村（現益田市）の農家、山根道恭の十四人兄弟の八男として生まれる。

勉学優秀で14歳のとき、村医者の秦家から、医者になるための学費を出すので婿養子にしたいという話がきた。当時の優秀な少年には、このような養子縁組はよくあることだった。

その後、私立岡山薬学校（現・関西高等学校）、第三高等中学校医学部（現・岡山大学医学部）に進学。第三高等中学校時代は、答案用紙に教授も知らないような欧米の新技術を記したこともあったという。

卒業後、秦は、岡山県立病院に助手として入り、荒木寅三郎教授の元で研究する。荒木寅三郎教授は、ドイツへの留学経験もあり、北里柴三郎とも懇意にしていた。秦の優秀さと勤勉さ

パウル・エールリヒ博士（左）と秦佐八郎博士

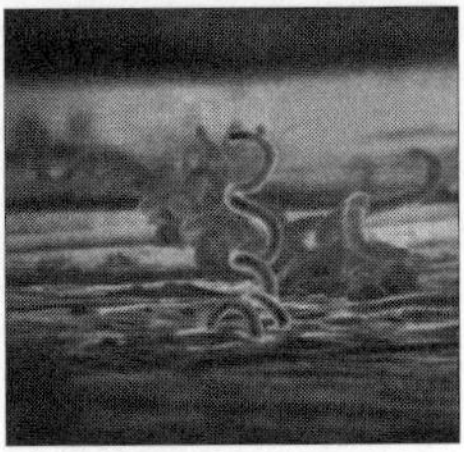

梅毒を引き起こすスピロヘータ

を知った荒木教授は、秦を**北里柴三郎の伝染病研究所に推薦**する。

秦としては、当時、日本の最先端の医療研究所であった北里柴三郎の伝染病研究所で研究することは願ってもないことだった。しかし養家の秦家では、村医師だった養父が急死し、養祖父が現役復帰し、村の診療所を支えていた。秦の帰郷を指折り数えて待っていたのだ。

秦が東京で研究生活をしたいというと、義理堅い実父が猛反対した。しかし秦の養祖父母が理解してくれたために、晴れて東京に行けることになった。

秦は、この伝染病研究所時代に、**ペストの防疫業務**に携わった。

当時、ペストはヨーロッパから神戸に上陸し、和歌山でも発生していた。ペストは、致死

率が8割近い「死の病」だった。ペストの予防業務は、ペストの発生場所に長期間滞在するという危険極まりない仕事だった。しかし、秦は志願してこの仕事に8年も従事し、ペストの流行を収束させた。

秦はこの経験を元に、ペスト予防のための12編の論文を書き上げ、同僚の柴山五郎作とともに集大成として**「ペスト予防法」**を著した。これが国内外で高く評価され、ドイツのエールリヒ博士の研究所に招かれることになった。

世界最高峰の研究所に招かれ大発明

エールリヒ博士は、細菌学の権威であるコッホの弟子であり、ドイツで最高の細菌研究を行っていた。そこで秦は梅毒の治療薬の研究にとりかかる。

梅毒は**スピロヘータ**という細菌の一種によって引き起こされる性病で、当時はまだ治療法が確立しておらず、世界中で多くの人が苦しんでいた。

エールリヒ博士は、ヒ素化合物が梅毒の病原菌を退治することを突き止めていた。しかし、この物質は**有毒で実用化が非常に難しかった。**

薬としてのヒ素の効果を維持しつつ、いかに人体に影響がない程度まで毒性を弱めるか。秦はその実験を任されたのだ。

エールリヒ博士と秦は、最適なヒ素化合物の組み合わせを見つけるために、気の遠くなるような数の実験を行った。つくったヒ素化合物をまずネズミなどで実験して効果を確認し、猿に

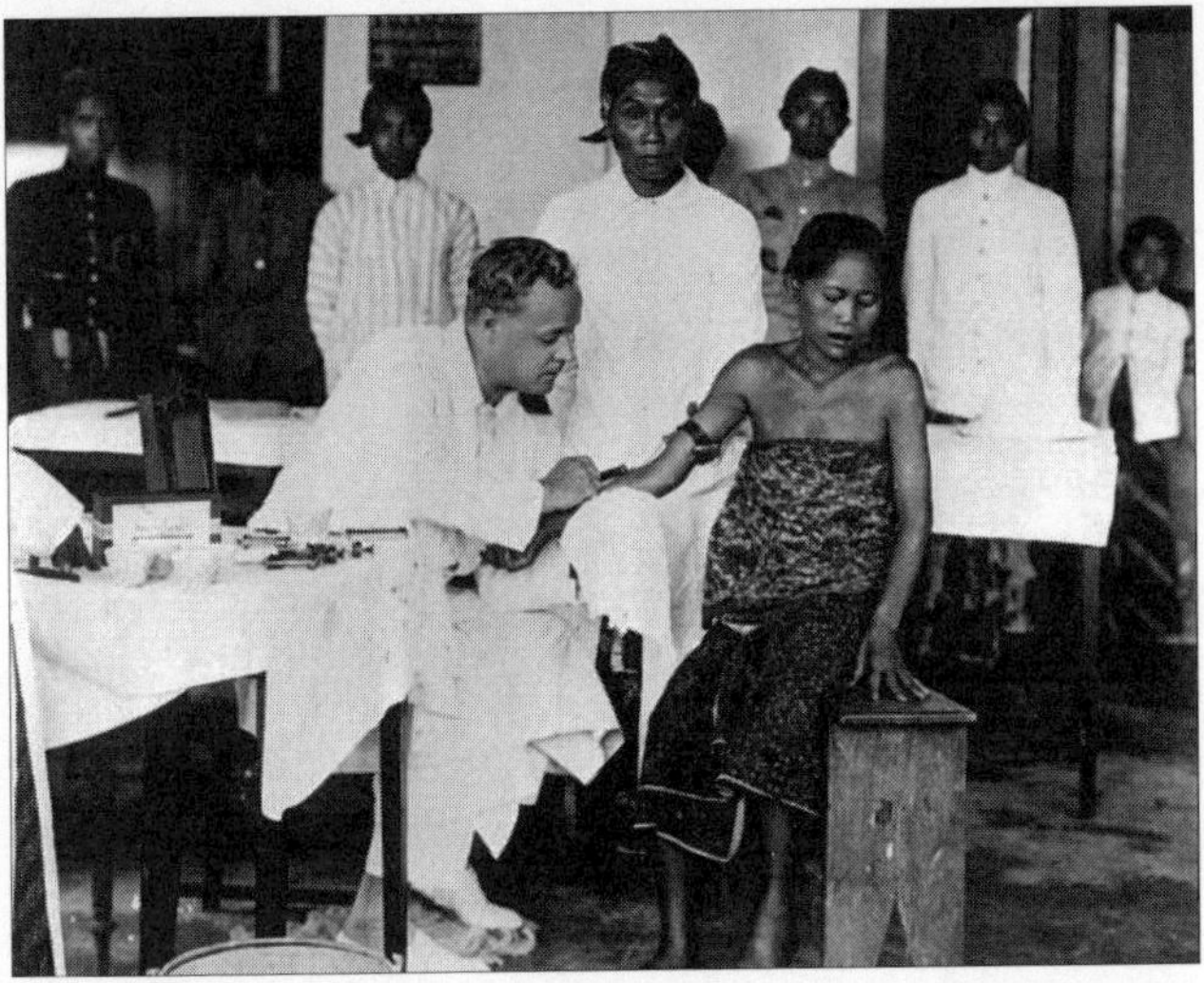

森林梅毒（感染症、梅毒と同じスピロヘータが原因で起こる）に投与されるサルバルサン。現在はその副作用のため、サルバルサンが梅毒の治療に用いられることはない。

投与し安全性をチェックする。その後に、ようやく人体への投与実験が行われる。

606回もの試作品をつくって、ようやく、梅毒の治療薬**「エールリヒ秦606」**が誕生した。これは、**世界で初の抗生物質**でもある。

エールリヒ秦606は、**「サルバルサン」**という商品名で、ドイツの製薬会社ヘクスト社から発売された。サルバルサンとは、ドイツ語で「世を救う薬」という意味があった。

明治41（1908）年、エールリッヒ博士はノーベル生理・医学賞を受賞。秦も大正2（1913）年に**ノーベル賞候補**に挙がったが惜しくも受賞を逃している。

その後、秦は日本に帰国。サルバルサンの日本での製造販売に携わり、北里研究所の副所長を務めるなど、日本の医学発展に貢献した。

明治30年頃の東京帝国大学・図書館学生閲覧室
（小川一真編『東京帝国大学』小川写真製版所、明治33年）

【第四章】

大日本帝国ではなぜ発明が生まれたのか

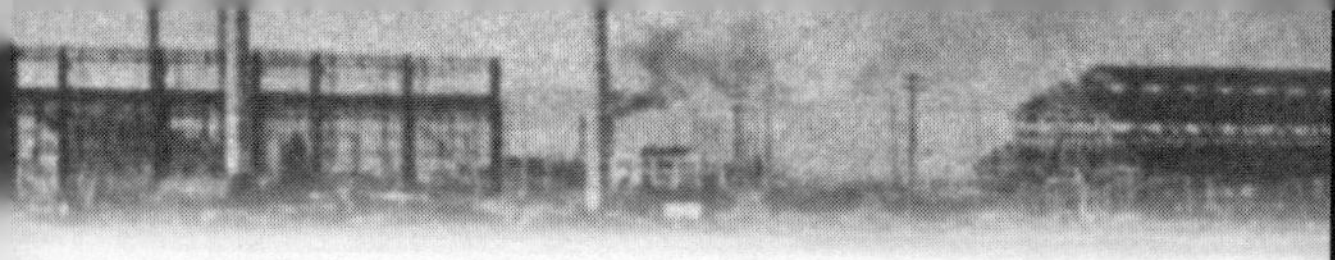

発明大国の原点は明治維新

明治維新の目的は強力な統一国家をつくること

これまで三章にわたって、大日本帝国時代の発明品を紹介してきた。

戦前の日本が多くの優れた発明を世に送り出していたことを知り、驚いた方もいるかもしれない。

王政復古の大号令によって江戸時代が終わりを告げたのは、慶応3年12月9日（1868年1月3日）。そこから昭和20（1945）年の終戦をひとつの区切りと考えると、**大日本帝国の歴史は80年足らず**ということになる。

日本はそのわずかな期間で科学技術を発展させ、欧米に匹敵する優れたモノを創り出した。

これは**たしかに驚異的なこと**である。

なぜ日本は、短期間のうちに、発明大国になることができたのか。

その最大の要因は、**素早く封建制度を廃止した**ということだろう。

中世の国々というのは、ほとんどが封建制度を持っていた。各地域を領主が治め、国というのはその集合体に過ぎない。そして、領主は、

邨田丹陵「大政奉還図」。江戸幕府16代将軍の徳川慶喜は慶応3（1867）年に政治の実権を天皇に奏上。約270年間続いた江戸時代に幕が下ろされた。

その領地内で絶対の権限を持っている。

それが封建制度である。

明治維新というのは、欧米列強に対抗する強力な国家を作るために、薩長などの志士たちが起こしたものである。

しかし、封建制度のままでは、到底、強力な国家などはできない。

近代国家になるためには、封建制度を壊さなければならなかった。しかし、それはなかなか簡単ではない。近代化を成し遂げた西欧諸国も、封建制度を壊すために大掛かりな内乱や革命が必要だったのである。

ところが、**日本はそれをほぼ無血**でやった。

これは、**世界史上、初めて**と言ってもいい。

封建制度を壊したのは**「版籍奉還」「廃藩置県」**である。

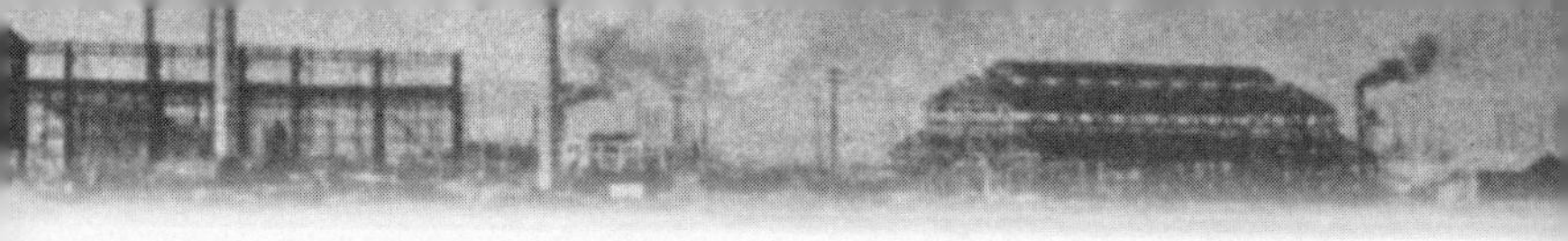

「版籍奉還」「廃藩置県」により、土地と領民は、藩のものから、国家（天皇）のものということになった。そして領民は、様々な規制から解放され、社会的、経済的な自由を獲得した。

「版籍奉還」「廃藩置県」は、当時の世の中をひっくり返すほどの大きな社会変革で、なにより**経済面においても大きな影響を及ぼした**。

江戸時代、武士が受け取っていた年貢収入は、だいたい米の生産高の30〜40％だった。当時の日本経済は米が中心である。その米の30〜40％を、人口たった5％程度の武士が独占していたのだ。

しかし「版籍奉還」「廃藩置県」により、**武士はその特権を自ら放棄**することになった。明治の日本が、急激な経済成長を遂げ、科学技術を発展させることができたのは、ここに最大の理由があるといえる。

空前の社会改革だった版籍奉還

明治維新は、江戸幕府が持っていた大政を朝廷に奉還したことから始まった。

しかし、大政奉還されたからといって、日本が新政府（朝廷）中心の統一国家になったわけではなかった。

というのも、当時の日本はまだ小さな藩に分かれており、実質的な統治権は大名が持っていたからだ。

各地に権力者が分散しているような状態では、国として一丸となって近代化に取り組むことはできない。

中心となり版籍奉還や廃藩置県を進めた大久保利通（左）と木戸孝允（右）

そこで明治新政府は、戊辰戦争を早々に終結させると、すべての藩がすべての領地を返還する「版籍奉還」を進めることにした。**大名の領地を全部、朝廷に返還させる**のである。

これは**薩摩藩の大久保利通**や**長州藩の木戸孝《たか》允《よし》**らが中心になって進められた。

彼らは、明治２（１８６９）年6月、戊辰戦争を共に戦った土佐藩や肥前藩にも働きかけ、薩長土肥の4藩主連名で、「版籍奉還」の上表を朝廷に提出させた。まずは、この4藩が率先して領地を返還し、諸藩にも版籍奉還することを勧告したのである。

官軍の中心であった4藩が、版籍奉還をしたのだから、他藩も逆らうことはできなかった。

結局、**諸藩は特に混乱もなく版籍奉還に応じた**のである。

版籍奉還では、藩は領地を奉還した後も、藩主がそのまま領主の地位である「**知藩事**」とされた。

だから、「**版籍奉還というのは領地の名義を藩から朝廷に変えただけ**」という評価をされることもある。

しかし、この評価はまったく正しくない。

これまで藩主は世襲で代々受け継がれてきたものだったが、明治政府は知藩事に変更することによって、世襲制を廃止していた。つまり、代々藩主が領地を治めてきたのを、**一代限りに限定**したのである。

藩というのは、藩主が代々統治してきたからこそ成立していたものだった。それを一代限りで統治をやめるとなれば、事実上、藩の所有権を手放したということである。

中央集権体制を実現した廃藩置県

明治2（1869）年7月、版籍奉還が行われたことによって、各藩の領地は朝廷に返還された。だが、それだけでは、問題の本質的な解決にはならなかった。

前述したように版籍奉還の後も、旧藩主たちは「知藩事」として留まり、依然として強い権限を持っていた。そこで明治新政府が行ったのが藩を廃止し、旧藩主から権限を取り去る「**廃藩置県**」だった。

明治4年の2月、薩長土3藩が総勢約1万の兵を京都に送った。この兵は天皇直属の親兵となった。

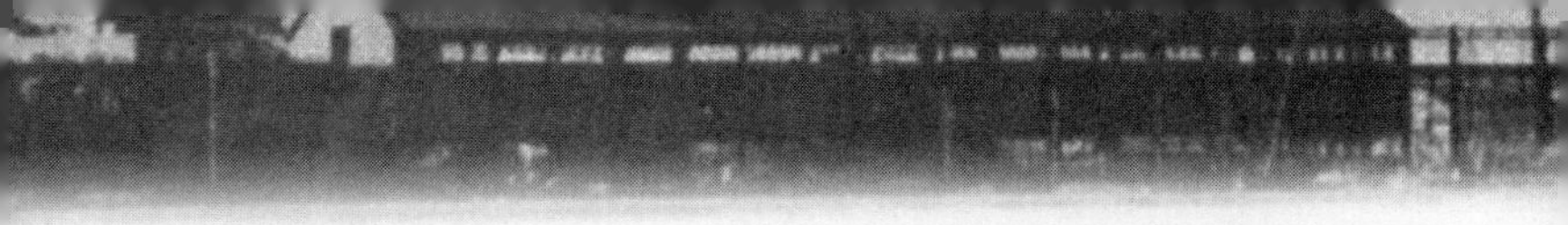

封建制廃止の流れ

「大政奉還」 慶応3（1867）年11月
幕府の持っていた政治運営権（諸藩に号令する権利）を朝廷に返還。しかし諸藩の統治権は、藩主がそのまま持っていた。

↓

「版籍奉還」 明治2（1869）年6月
諸藩の持っていた領地の所有権（版籍）を朝廷に返還する。しかし、藩の行政は引き続き藩主が行っていたため、事実上の統治権はまだ藩主が持っていた。

↓

「廃藩置県」 明治4（1871）年7月
藩を廃止し、県を設置。藩主の統治権は取り上げられ、県知事は中央政府から任命された。

明治の新政府は、藩主や武士の反発を抑えるために、大政奉還から段階を踏んで、徐々に藩主の権限を奪い、中央集権体制を作っていった。

版籍奉還には素直に応じた旧藩主や武士層でも、自らの権限を失うことになる廃藩置県には反発する可能性があった。その反発を抑えるために、軍隊で威嚇したのである。

明治4年7月、この武力を背景に廃藩置県の勅令が発せられた。

その瞬間、270年続いていた各藩による封建制度は、一挙に解消されたのである。

廃藩置県によって、藩は消滅し、政府は中央集権体制を作ることができた。言うなればこれは**300に分かれていた国をひとつに統一**したようなものだった。

日本はその後、国家として一丸となって近代化に取り組んでいくようになる。日本の科学技術の発展の礎になったのは、維新期に行われたこれらの革命だったのである。

初の近代的な農地解放を実行

明治維新とは大規模な土地改革だった

大日本帝国は、画期的な制度改革をいくつも行っている。そのなかでも特筆すべきは明治6（1873）年の**「地租改正」**だろう。

「地租改正」は、小中学校の教科書では「米で納めていた年貢を、お金で納めるようになった」程度の説明で終わっていることが多い。そして、「農民の実質的な負担はあまり変わらなかった」として、戦後の日本ではあまり評価されてこなかった。

しかし、実は地租改正というのは、当時の社会を根底から変えてしまうような大規模な改革だったのである。

地租改正というのは、簡単に言えば、**農地解放**である。しかも歴史的に例がないほど大規模なものだった。

江戸時代の日本では、土地の所有者は藩主や藩士だった。藩主が領地を藩士に分け与え、農民はその土地を耕すだけの存在だった。

それを変えたのが、先ほどの項目で触れた「版籍奉還」である。

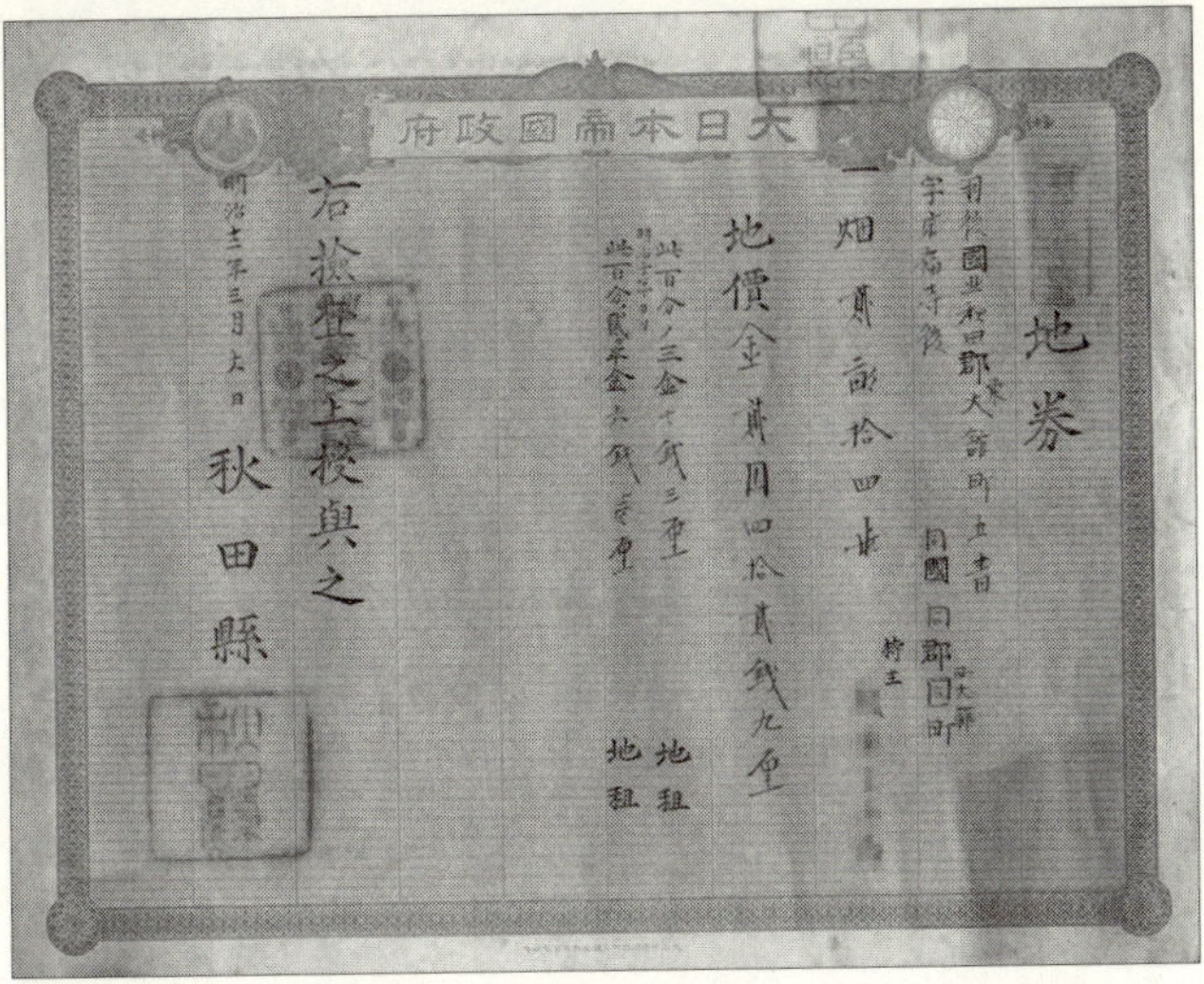

地租改正で土地の所有者に配付された地券。土地は個人での所有が認められるようになり、売買したり、借金の担保にすることができるようになった。

版籍奉還では、各藩は自分たちがそれまで持っていた領地を無償で国（天皇）に返すことになった。

それでは、そうして返還された領地を新政府はどうしたのか。

事実上、農民に与えたのである。

新政府は幕府や藩から取り上げた領地を、すべて国土として編入し、近代的な意味での**農地の所有権は農民が持つことになった**のだ。

これは、西洋の歴史観で言えば「農地解放」そのものである。

それも日本全国の土地を、その土地で耕作していた農民たちに分け与えたのだ。いまだかつてないほど大規模な農地解放だった。

農地解放というと、戦後のGHQによる「農地改革」をイメージする人が多いだろう。

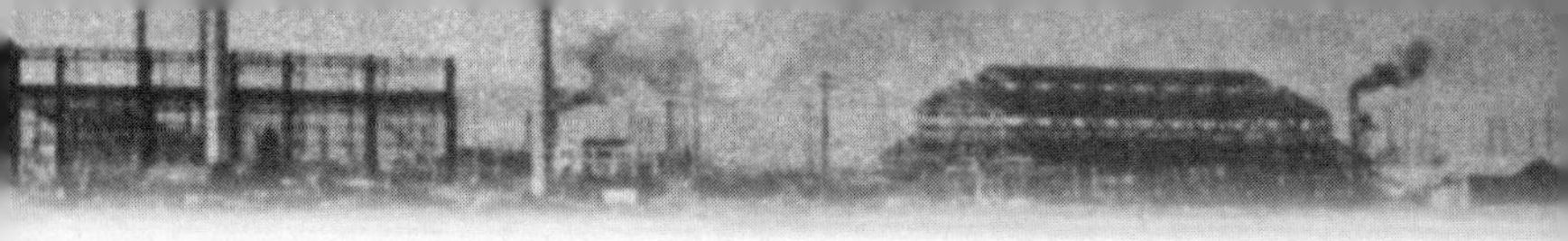

しかし、戦後の農地解放は、実はそれほど大規模なものではない。

ＧＨＱの農地改革は、窮乏していた小作農（他人の土地で農業をする者）を救うために、**国が地主から小作地を安値で買い上げ、それを小作農に安値で売る**というものだった。

当時、日本の農地に占める**小作地の割合は、46%**だった。ＧＨＱの農地改革では、**そのうちの80%が買い上げられ、小作人に売られた**とされている。戦前の地租改正に比べると、その規模ははるかに小さい。

戦後教育の中では、ことさらGHQの農地改革が素晴らしいことのように教えられてきた。

だが、それはＧＨＱの手前味噌的な話であり、実際は明治新政府の方がもっとダイナミックで民主的な改革をしていたのだ。

税負担の公平性を生んだ地租改正

明治新政府の農地解放は、農民の勤労意欲を増進させ、農業生産を飛躍的に向上させた。

歴史家の中には、地租改正によって農民の負担はむしろ大きくなった、と言う者もいる。しかし、それは不平農民の蜂起などごく一部の出来事しか見ていない意見である。

地租改正では、これまで物で納めていた年貢をやめ、**金銭による納税**に変更した。

しかし、これは何も農民の負担を増やすために行われたわけではない。むしろ**逆に農民のインセンティブを増やすもの**だった。

地租改正というのは、農民に農地の所有権を

明治９（1876）年には、伊勢（現在の三重県）で大規模な農民一揆が勃発。政府は一揆を鎮めるために税率2.5％に引き下げたため、農民の負担はさらに軽くなった。

与え、土地の価格に応じて税を課すという制度である。

この制度で定められた税率は、土地代の３％だった。この土地代の３％というのは収穫した米の平均売価の34％程度に設定されていた。これは**江戸時代と同等か、若干低い程度の負担率**だった。

江戸時代の年貢では、収穫高に応じて年貢率が定められたので、収穫が上がるとその分だけ年貢が増えた。つまり「がんばって生産を増やしても、年貢で取られるだけ」という状態にあったのだ。

しかし地租改正は、収穫高に応じて税額が決められるのではなく、あらかじめ決まった額の税金を納めるだけで済んだ。だから、農民としては**がんばって収穫を増やせば、増えた分は自**

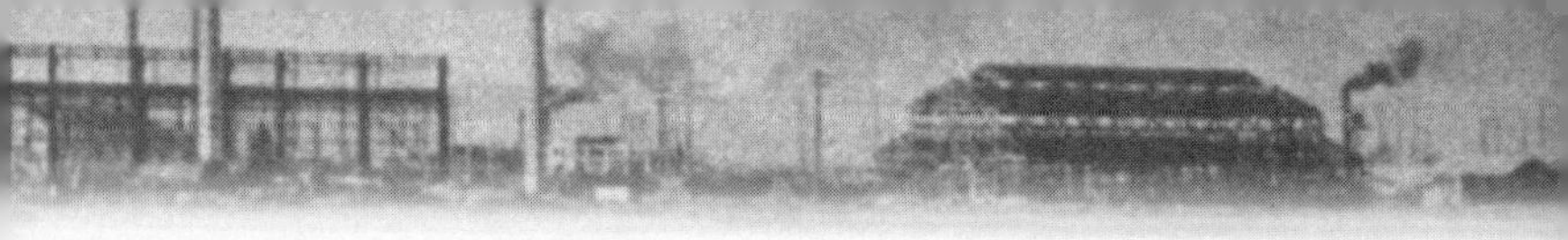

分の取り分になるということだった。そのため勤労意欲が湧き、生産量が増加したのだ。

地租改正は、**税の公平性**、**透明性を高める**ものでもあった。

江戸時代の年貢は、幕府の直轄領（天領）と各藩の年貢率が異なっていた。幕府は広大で肥沃な領土を持っており、幕府としての威光を示す意味から、天領の農民の負担は諸藩よりも軽く設定されていたのだ。

地租改正ではこの**不均衡な税負担を一掃し、全国共通の税率を導入**して公平化を図った。

その結果、大部分の農民は税の負担率が軽くなったが、もともと低目に設定されていた幕府直轄領の農民は負担が重くなってしまった。

明治初期には税負担率の上昇に反発する農民がなんどか一揆を起こしており、そのことを理由に地租改正が「農民に高負担を押しつけた」として批判されることがある。しかし、農民一揆の多くは幕府直轄領で起きたものだった。

また、地租改正は税徴収の透明性を高めるものでもあった。

江戸時代は、毎年の取れ高に応じて年貢率が決められていたが、その年貢率の決定権は地域の役人が持っていた。当然、ワイロなどの不正行為が横行していた。この不透明な関係も地租改正で一掃されることになった。

明治時代に米の収穫高が2倍になった

地租改正の結果、日本の農業生産力は飛躍的に上昇した。

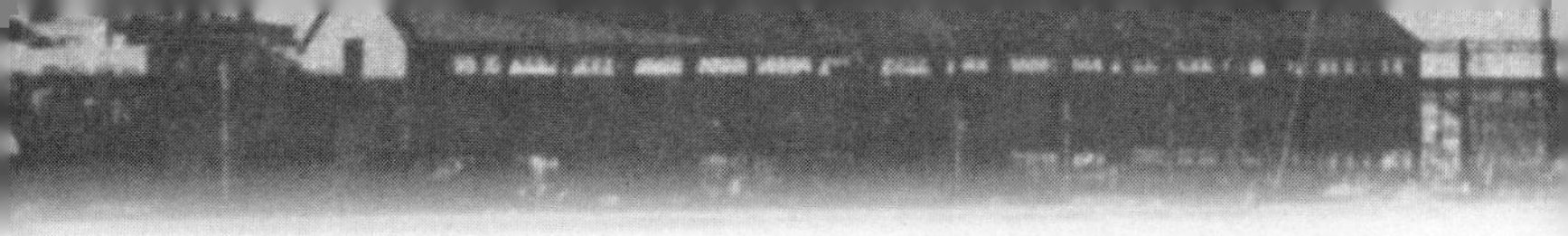

米の収穫量の推移		
	収穫量（石）	10アールあたり収穫量
明治6（1873）年	24021	ー
明治10（1877）年	26599	ー
明治15（1882）年	30401	1173
明治20（1887）年	40025	1515
明治25（1892）年	41430	1501
明治30（1897）年	33039	1185
明治35（1902）年	39932	1297
明治40（1907）年	49052	1688
明治45（1912）年	50222	1672
大正6（1917）年	54568	1770

川崎甫『明治百年の農業史・年表』（近代農業社）より著者がデータを抽出して作成

上の表のように明治初期から中期にかけて、日本の農業は大躍進していることがわかる。明治6（1873）年と明治45（1912）年を比べると**米の収穫量で2倍以上の増収**となっている。そこから得られる税金は政府の大きな歳入源となった。地租改正は、優れた税制改革でもあったのである。

フランスの大蔵大臣で、経済学者でもあったレオン・セーは、明治期に政治家の松方正義から「地租改正」の話を聞き、**「租税改革として最善の策だ」**として称えた。そしてフランスでも参考にしたいので、詳しい経緯を文書にして送って欲しいと要請したという。

農業生産力の上昇は、国力の増強につながる。日本の近代化には、この地租改正も大きな役割を果たしたのだ。

アジア最高の教育制度があった

科学技術発展の最大の要因は「教育システム」

国家が近代化を成し遂げるためには、国民を教育し、国全体を底上げする必要がある。

そのことがわかっていた明治政府は、維新以来、**国の最重要課題に教育をあげて取り組んできた**。

教育の重要性が声高に叫ばれるようになったのは、幕末の頃からだった。

西洋の事情に明るかった蘭学者たちが、相次いでヨーロッパの教育に関する書物を翻訳、その進んだ教育システムを日本に紹介した。

明治政府はそれらの影響を受け、発足後すぐに学校制度の整備に乗り出した。

明治５（１８７２）年には、早くも義務教育の基礎となる**「学制」を施行**。学校を設置すると学費を無償化した。明治８年には**日本全国で２万４３０３校もの小学校を建設**している。

２０１５年現在、日本の小学校の数はおよそ２万６０００校。明治政府は**維新からたった８年で、現在とほぼ変わらない規模の初等教育制度を作り上げてしまった**のである。

明治初頭の尋常小学校の授業風景

　学制の施行により、子どもの就学率は急激に上昇した。明治38（1905）年には、**児童の就学率が95・8%に到達**。国民のほとんどが小学校に通うのが当たり前になったのである。

　この数字はアジアの中では群を抜いており、西欧諸国にも引けをとらないものだった。

　日本が素早く学校教育を整備できたのは、下地があったからだった。

　日本では江戸時代から寺子屋による教育が普及しており、その数は全国に数万はあったとされる。明治政府は、この寺子屋や人材をそのまま活用したのである。

　明治8年当時、小学校の40%は寺院であり、30%は民家を借りたものだった。

　これらの教育の普及が、大日本帝国を支える礎になった。

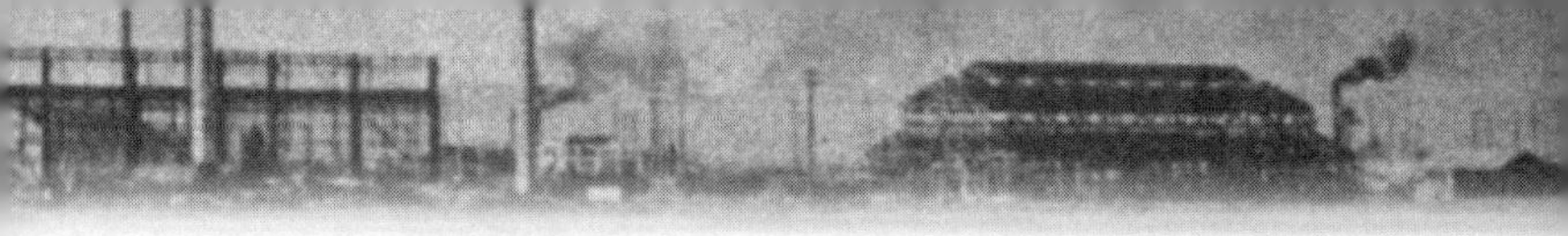

明治35（1902）年に行われた大阪の第10師団の徴兵検査では、読み書き、算術ができないものはわずか25％しかいなかったと報告されている。識字率はその後も上昇し、**昭和初期にはほぼ100％**に達している。

政府は教育制度を整備するだけでなく、国を挙げて学問に励む環境を整えた。戦前は小学校で学年1番の成績をとると、市から表彰されることもあった。**「勉強ができる」ということが、いまよりもずっと価値があった**のである。

高等教育の充実にも取り組んだ明治政府

明治政府は、初等教育だけでなく、国を背負って立つ人材の養成にも力を注いだ。

明治10（1877）年には、日本初の近代的な総合大学である**東京帝国大学が開校**。太平洋戦争の終戦までに内地に7校（東京、京都、東北、九州、北海道、大阪、名古屋）、外地に2校（朝鮮の京城帝国大学、台湾の台北帝国大学）の帝国大学が設置された。大正時代に入ると、**慶應義塾大学や早稲田大学などの私立大学も次々と開校**した。

また、政府は軍人や教員の養成にも力を注ぎ、明治の早い段階で**陸軍士官学校や海軍兵学校、師範学校なども開校**させている。

特筆すべきは、これらの**高等教育の門戸がすべての国民に開かれていたこと**だろう。これは現代の私たちから見れば当たり前のことに思えるが、これは非常に画期的なことだった。

江戸時代までは、身分によって受けられる教

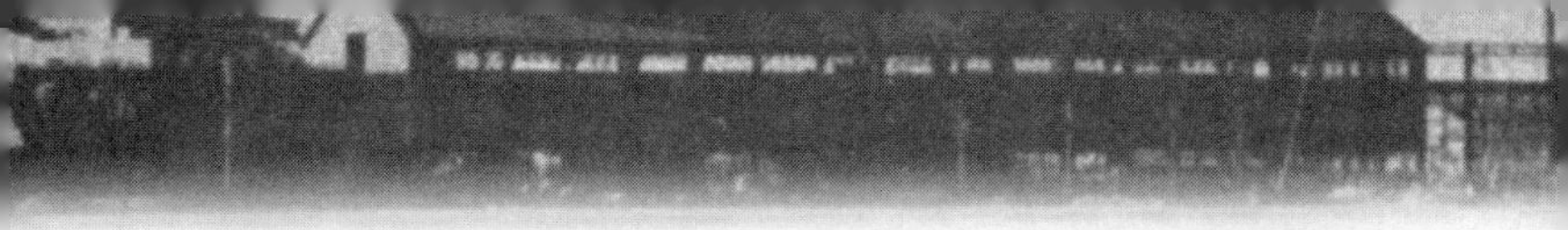

設立当初の陸軍士官学校。明治15（1882）年には、軍の幹部を養成する陸軍大学校も創設。この陸軍大学校に入学できるか否かが、軍人のその後の出世を左右した。

育が決まっていた。高等教育はあくまで武士のもので、商人や農民が高度な学問を学ぶことは不可能に近かった。また勉強がどんなにできても身分の垣根を越えてとりたてられることはまずなかった。これは日本に限った話ではない。ヨーロッパの大部分の国でも教育の機会は限られたものだったのだ。

しかし、それが明治に入って一新され、すべての国民が高等教育を受けられるようなった。

戦前の日本には、教員を養成する師範学校や軍の将校を養成する陸軍士官学校、海軍兵学校のように、**学費がかからず、給料まで出る**学校もあった。

師範学校は卒業すると、高等師範学校、文理科大学といったコースに進め、最終的には大学と同程度の教育が受けられた。陸軍士官学校や

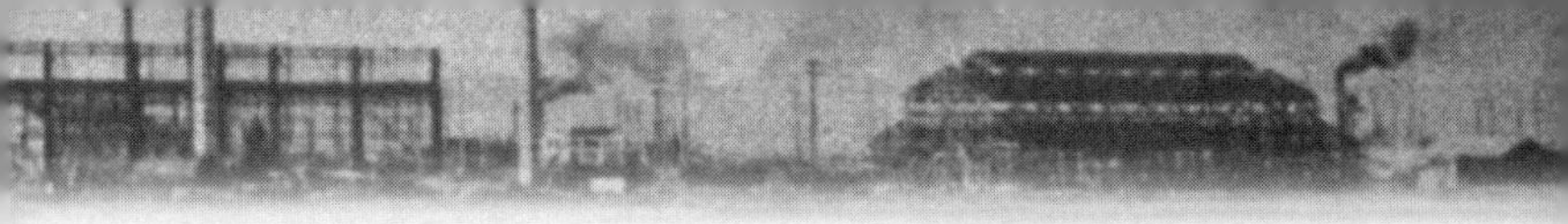

海軍兵学校の卒業生は、軍の幹部になることが約束された。貧しい家庭の子どもでも勉強さえできれば、立身出世の道が開けたのである。

様々な国の留学生が殺到 アジア最高の教育国

国民すべてに初等教育を施し、貧しい者でも能力さえあれば、高等教育を受けさせる。

そうした大日本帝国の教育システムは、当時のアジアの中でもっとも進んだものだった。明治の終わりになると、そのため、アジアの国々から**日本に多くの留学生がやってきた。**

戦前の日本では、様々な国の留学生が学んでいたが、もっとも多かったのは、**意外にも中国人**だった。

中国人の日本留学は、明治29（1896）年、中国外務省に選抜された13人の学生が最初だとされている。明治29年といえば、**日清戦争のわずか2年後**である。中国がそれだけ日本の教育を認めていたことの証だろう。

中国人留学生はその後、徐々に増えていき、日露戦争で日本が勝利すると一気に激増、1万人近くにも達した（資料によっては2万人とするものもある）。日本は当時、欧米を差し置いて、中国人の最大の留学先だった。

この時、日本で学んだ著名人に、中華民国の初代総統を務めた**蔣介石**（1907年に陸軍士官学校の前身・東京振武学校に入学）や、毛沢東の後継者となった**周恩来**（1917年に東亜高等予備学校に入学）などがいる。

日本ではその後も多くの中国人が学んだ。日

1980年代から90年代初頭に韓国の大統領を務めた全斗煥（左、第11・12代大統領）と盧泰愚（右、第13代大統領）。2人は陸軍士官学校の同期だった。

中戦争が勃発し、留学生のほとんどが引き上げるまで、常時数千人はいたとされる。

中国出身者の他には、朝鮮半島や台湾からの留学生も多かった。

このうち、もっとも多かったのは日本領だった朝鮮出身者で、戦時中の昭和17（1942）年には3万人近くになった。特に陸軍士官学校への留学が多く、陸軍は彼らのために特別クラスを用意したほどだった。

陸軍士官学校出身者は、後に韓国の政界や軍の中枢に座った。**全斗煥《チャンドゥファン》元大統領**や**盧泰愚《ノテウ》元大統領**も日本の陸軍士官学校の出身者である。

正確な数字は判明していないが、ベトナムやフィリピン、インド、インドネシアなどからも多数の留学生が来日していた。

東南アジアの国々は、当時、まだ独立する前

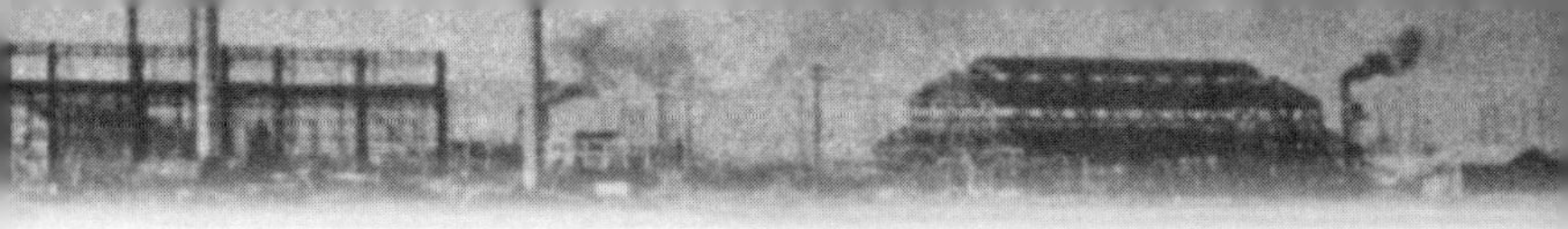

であり、学生にとってオーソドックスな出世コースは、宗主国に留学することだった。日本に留学することは、宗主国にとって面白いことではないので、様々な妨害も行った。しかし彼らはあえて日本で学ぼうとしたのだ。

留学生にはサラリーマンの月収以上の援助も

そうした熱意に応えるために、日本では官民共に留学生が学びやすいような環境を整えた。

１９３５年には、近衛文麿公爵が会長となり、**国際学友会**という団体が作られた。

国際学友会は、主に東南アジアからの留学生の世話にあたっていたが、東南アジアだけではなく、少数ながら欧米からの留学生もいた。

たとえば、戦後にＧＨＱのスタッフとして財閥解体などを指揮したアメリカの経済学者**エレノア・Ｍ・ハドレー女史**も国際学友会の招きで留学した欧米人のひとりである。

彼女は親戚が日本在住経験があったことなどから日本に興味を持ち、国際学友会に留学申請をする。そして昭和13（１９３８）年、日本が世界中から非難を浴びつつあるなか来日し、太平洋戦争の直前の昭和15年に帰国している。

国際学友会は留学の費用もすべて負担した。ハドレー女史は**月に１４０円もの生活費が支給された**という。これは当時のサラリーマンの平均月収よりも多い金額である。

戦前の日本の教育は、アジア各地に少なからず影響を与えた。日本で受けた教育に感謝している著名人も多い。

『阿Q正伝』などの小説を残した中国を代表する作家・魯迅（1881 ～ 1936）も日本で学んだ留学生だった。右上の写真は、日本留学時代の魯迅。

そのひとりが近代中国を代表する、**作家の魯迅**である。彼は、１９０４年から１９０６年まで仙台の仙台医学専門学校（現在の東北大学医学部）で、医学を学んでいた。

魯迅は、基礎学力が不足していたため、仙台医学専門学校の勉強についていけず、結局は中退することになる。しかし、藤野厳九郎という教師が、劣等生の魯迅を根気強く指導してくれたことに非常に感銘を受けたという。

そして後年、魯迅は、藤野厳九郎のことを『藤野先生』という小説に記している。

大日本帝国は、多くの留学生が学ぶアジアの知の拠点だったが、戦争により留学生たちは離れていった。戦後、日本で学ぶ留学生の数が１万人を超えるようになったのは、**１９８０年代になってのこと**である。

欧米の知識を素早く吸収した

維新すぐに政府中枢が欧米各国を視察

大日本帝国は教育制度を整えるだけでなく、欧米の進んだ知識や文化、技術を積極的に学び取っていった。その姿勢がよく現れているのが、政府首脳が欧米を視察した、明治4（1871）年の**「岩倉使節団」**だろう。

岩倉使節団は、およそ2年にわたって欧米各地を訪問し、社会制度や産業などを見聞した。

使節団が出発した年というのは、明治維新からわずか4年後、戊辰戦争が片付いてからまだ2年しか経っておらず、国中が混乱していた時期だった。そんな中、政府の中枢がわざわざ国を空けて、長期間の視察旅行に出かけたのだ。

明治新政府はそれだけ欧米の新知識を欲していたということだろう。

この使節団の発案者は、**岩倉具視《ともみ》**だとされている。岩倉は明治維新の10年前に孝明天皇に**「欧米諸国に調査団を派遣すべき」**という建言書を提出している。

岩倉使節団は、特命全権大使として右大臣の岩倉具視、副使として長州の木戸孝允、薩摩の

明治４（1871）年に欧州の視察に出発した「岩倉使節団」。左から木戸孝允、山口尚芳、岩倉具視（特命全権大使）、伊藤博文、大久保利通。

大久保利通、他に長州の伊藤博文、山田顕義、土佐の佐々木高行ら全部で46名だった。使節団はいわば藩閥を超えた国家的プロジェクトであり、旧幕臣も多く参加していた。

またこの使節団には、留学生として派遣される青少年43名も同行していた。

随行員を合わせると総勢１０７名にも及ぶ大使節団で、その中からは思想家の**中江兆民**、三井財閥の総帥となった**團琢磨**《だんたくま》、津田塾大学を創設した教育者の**津田梅子**など、各界に優れた人材を輩出している。

西洋から進んだ知識をもたらしたお雇い外国人

戦前の日本が短期間で科学技術を発展させる

ことに成功した要因として、忘れてはいけない存在がある。

それは、**お雇い外国人**である。

お雇い外国人とは、西洋の優れた技術や知識を学ぶために、日本が招いた専門技能を持つ外国人のことである。

明治の日本は、国家を近代化するために、ありとあらゆる知識を欲していた。お雇い外国人は、そうした声に応えて来日し、軍事や産業、学術、インフラなど様々な分野で日本人に知識や技術を教えた。

様々な分野で日本の近代化に貢献

彼らは具体的にどのようなことをしたのか。

代表的なお雇い外国人を見てみよう。

まず内政や外交、軍事の分野では、刑法や民事法の草案を作った「日本近代法の父」ギュスターヴ・ボアソナード、大日本帝国憲法の起草に関わったヘルマン・ロエスエル、政府の広報官として不平等条約の改正に尽力したフレデリック・マーシャル、陸軍大学校の教官を務めたクレメンス・W・J・メッケルなどがいる。

学問の分野では札幌農学校（現・北海道大学）の教頭を務めて「少年よ、大志を抱け」の名言を残したウィリアム・クラーク、工部省工学寮（現・東京大学工学部）で教壇に立ち、西洋式技術教育を確立したヘンリー・ダイアー、西洋医学を伝えたエルヴィン・ベルツ、鹿鳴館を設計し、日本の建築家の育成につとめたジョサイア・コンドルなどが代表的だ。

札幌農学校（現・北海道大学）の教頭を務めたウィリアム・クラーク（左）、工部大学校（現・東京大学工学部）で建築学を教えたジョサイア・コンドル（右）

産業・交通の分野では、富岡製糸工場の初代所長を務めたポール・ブリューナ、北海道で牧畜業を広めたエドウィン・ダン、鉄道開業に尽力したエドモンド・モレルなどがいる。

お雇い外国人の雇用状況についてまとめた『資料御雇外国人』という書物によると、明治元（1868）年から約20年の間に、政府や民間企業に雇われたお雇い外国人は、**国籍がわかっている者だけで2600人を超える**。明治30年代にまで範囲を広げると、**およそ1万人近くのお雇い外国人が日本で働いた**ことになる。

科学技術の向上は、自前の知識だけでできるものではない。日本が短期間で高度な科学技術を得ることができたのは、明治期の日本の様々な分野で働いたお雇い外国人の貢献があったのである。

自国で鉄道を敷設した

維新後5年で早くも鉄道を走らせる

大日本帝国の科学技術が急発展した要因のひとつに、**社会インフラを素早く整備**したことも挙げられる。

一国の科学技術の発展、工業化の促進には、インフラ整備が不可欠である。

明治新政府は、そのことにいち早く気づき、最優先課題のひとつにインフラ整備を掲げた。

特に交通機関は文明開化には不可欠なものとして、鉄道の建設を迅速に開始。明治維新からわずか5年後の明治5（1872）年に、**新橋〜横浜間に鉄道を走らせている**。

今の日本人から見れば、鉄道の建設など何ともない話かもしれないが、歴史的に見れば画期的なことだった。実は**欧米以外の国が自力で鉄道を建設したのは、初めてのこと**なのである。

当時、すでに中国やオスマン・トルコでは鉄道が敷設されていたが、それは外国の企業がつくったものだった。外国の企業に鉄道の敷設権や、土地の租借権を与え、その企業の資本で建設されるのである。もちろん鉄道の運営も外国

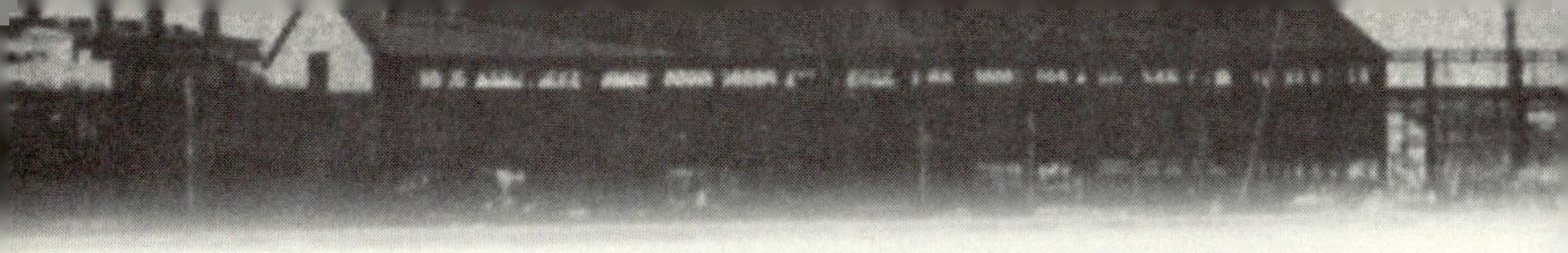

明治初期の東京・品川駅（玉井哲雄『よみがえる明治の東京―東京十五区写真集』角川書店より）。まだ周囲は閑散としている。

企業である。

しかし、日本の場合は違う。

鉄道敷設の技術は外国から導入したものだが、**建設の主体は日本であり、運営も日本が行なった**のである。

明治新政府は、発足後すぐに鉄道建設に動き出す。明治2（1869）年、朝議において、東京から関西まで、東京から横浜まで、琵琶湖から敦賀港までの鉄道敷設が決定した。

しかし建設には多額の資金が必要である。政府は、日本中から資金を集めて鉄道を建設しようと考えたが、まず鉄道とはどういうものかを国民に知らしめるために、東京～横浜間の路線からつくられることになった。明治3年に工事を着工し、2年後の明治5年5月に、品川～横浜間の仮運転を開始した。

鉄道開通とともに、沿線には連日見物人が押し寄せた。日本人は鉄道の利便性を肌で感じ、各地の商人、実業家たちがこぞって鉄道の建設を始めた。

そのため、初開通からわずか35年後の明治40（１９０７）年には、**日本の鉄道の営業キロ数は９０００キロを超えていた**のである。

鉄道の開業にはふたつの大きな意味がある。

ひとつは、産業の拡大である。

鉄道の開業により、日本の産業構造は大幅に変わった。鉄道という流通網を手に入れたことで、生産者はモノを売れる範囲が広がり、消費者もまた日本全国から色々なモノを買うことができるようになった。

またある地域が凶作になった場合、他の地域からスムーズに穀物を輸送できれば、飢餓などに陥らなくて済む。

実際、鉄道が開通する前の日本では、こういうことがしばしばあった。たとえば、明治2（１８６９）年には東北、九州地方は凶作だったが、物流がスムーズにいかずに、東北、九州地方では米価の高騰を招いてしまったのだ。

鉄道が開通すれば、そういう問題も解決されるのだ。

明治前半期の産業では、鉄道が大きな割合を占めていた。

たとえば明治18（１８８５）年には、鉄道会社への資本金払込総額は７１３万６０００円に及んだ。日本の工業全企業への資本金払い込み総額は７７７万千円だったので、当時の鉄道会社は、日本の全工業を合わせたくらいの規模があったのだ。

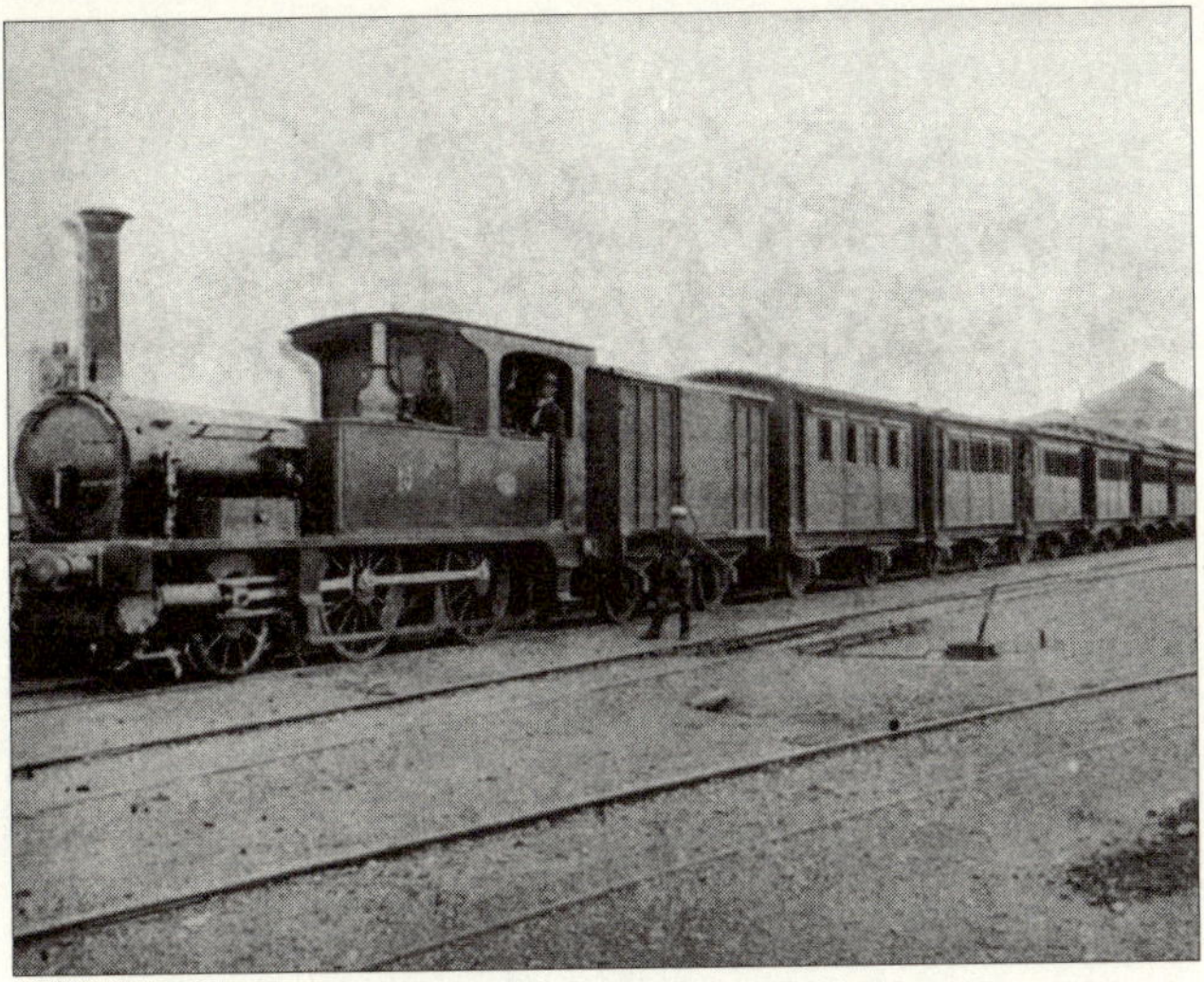

明治初期の鉄道。鉄道院160形蒸気機関車が列車を牽引している。

また明治28（1895）年は鉄道会社への資本金払い込総額は7325万3000円に達し、工業全企業への資本金払い込総額5872万9000円を大きく凌いでいた。つまり、**当時の鉄道会社の規模は、日本の全工業の規模よりも大きかった**ということである。

この傾向は、日露戦争まで続き、工業全社の規模が鉄道会社を超えるのは、日露戦争後のことなのである。

自国の基幹産業は自分たちの手で作る

「鉄道を自国でつくること」のもう一つの意味は「**外国に自国の基幹産業を握らせない**」ということである。

当時は、欧米諸国がアジアなどで鉄道を引いた場合、鉄道関連施設の土地を租借する権利も付随していた。この権利を盾にとって、侵攻することが多かったのだ。

たとえば、ロシアは満州で鉄道敷設権とその付随する土地の租借権を中国から得て、それを盾にとって満州全土に兵を進めた。そして、日露戦争で勝った日本は、ロシアから南満州鉄道の権利を譲り受け、それを盾にとって満州に兵を駐留させ、その挙句、満州帝国として独立させてしまったのである。

日本が、素早く鉄道を作ったことは、外国からの侵攻を防ぐという意味でも、非常に大きなことだったのだ。

実は、日本もそう簡単に自力で鉄道をつくったわけではない。

むしろ、当初は日本も他の東南アジア諸国と同じように、**外国人が鉄道を敷設することになっていた**のだ。というのも、明治維新期の慶応3（1967）年12月、江戸幕府は東京～横浜間の鉄道敷設権をアメリカ公使館のポートマンに付与していたのだ。

明治維新後、ポートマンは当然、この権利を行使しようとした。しかし明治政府はこれを拒絶した。「敷設権が付与された慶応3年12月は、すでに大政奉還が行なわれ明治新政府ができていたので、幕府との契約は無効」として、ポートマンの権利を認めなかったのである。

また明治新政府も、いざ自身で鉄道をつくるという段階になると、外国人につくらせようと考えるようになっていた。

鉄道を敷設するには莫大な資金が必要であ

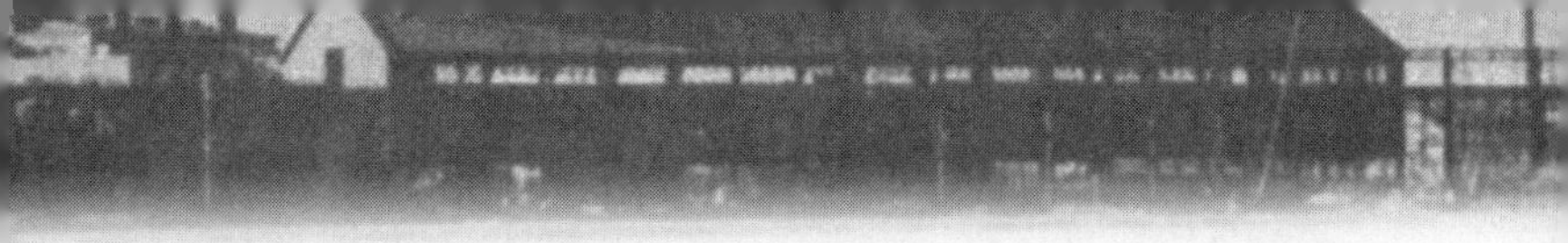

大正３（1914）年には、東京駅も開業。鉄道網は着々と広がっていった。

る。西洋諸国から技術を導入し、機関車や車両を購入しなければならないし、運行も当初は外国人に頼らなければならない。

明治新政府には、その資金の目途がつかなかったため、外国の鉄道会社に日本の鉄道の敷設権を売り、外国企業に鉄道をつくらせようという案も出されたのだ。

しかし外国企業に自国の鉄道を作らせることには危惧があったので、**ロンドンで外国公債を発行して資金を調達**したのである。

世界初の海底トンネルも日本が建設

大日本帝国は、世界最初の海底鉄道トンネルも作っている。

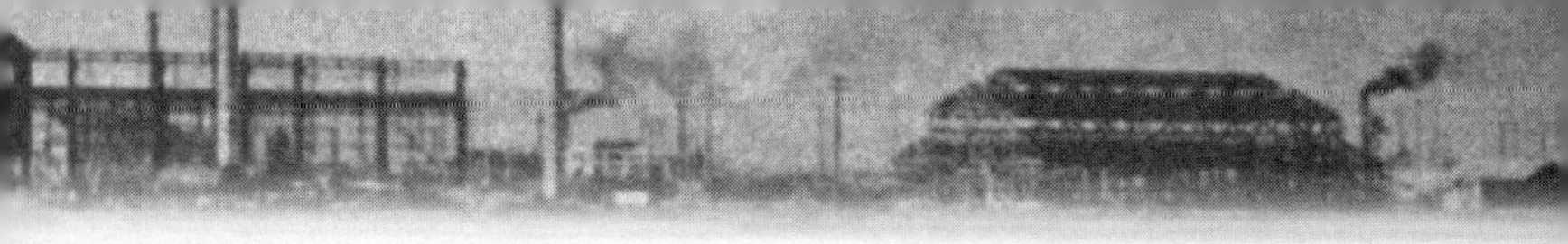

昭和17（1942）年に、関門海峡において掘られた、本州の下関と九州の門司《もじ》を結ぶ海底鉄道トンネル**「関門トンネル」**である。

この関門トンネルは、明治時代からすでに建設の計画があった。

戦前の九州は、中国大陸の窓口でもあり、朝鮮半島への最短地域でもあったので、現在以上に重要なところだった。その九州と本州を鉄道で結ぶことは、大日本帝国にとっては長い間の宿願となっていた。

しかし、海底を通るトンネルをつくるのは、技術的に簡単なことではない。そのため、当初は橋梁により鉄道架線も検討されていた。しかし、戦争で艦砲射撃などを受ける恐れがあるため、トンネルに決定したのだ。

昭和11年に着工し、**太平洋戦争のさなかの昭和17年**に完成した。

この関門トンネルは、現在も国鉄（現ＪＲ）の在来線が走っている（新幹線が通っている「新関門トンネル」は昭和50年の開通）。

戦前から高かった日本の鉄道技術

河川などを潜る「水底トンネル」は他の欧米諸国にも多々あり、その中には関門トンネルよりも長いものもある。そのため、大日本帝国の鉄道技術が世界的に見て特別優れていたわけではない、という見方もある。

しかし、河川の下をくぐる普通の水底トンネルと違って、海水などの諸条件をクリアしなければならない海底トンネルは、それなりの技術

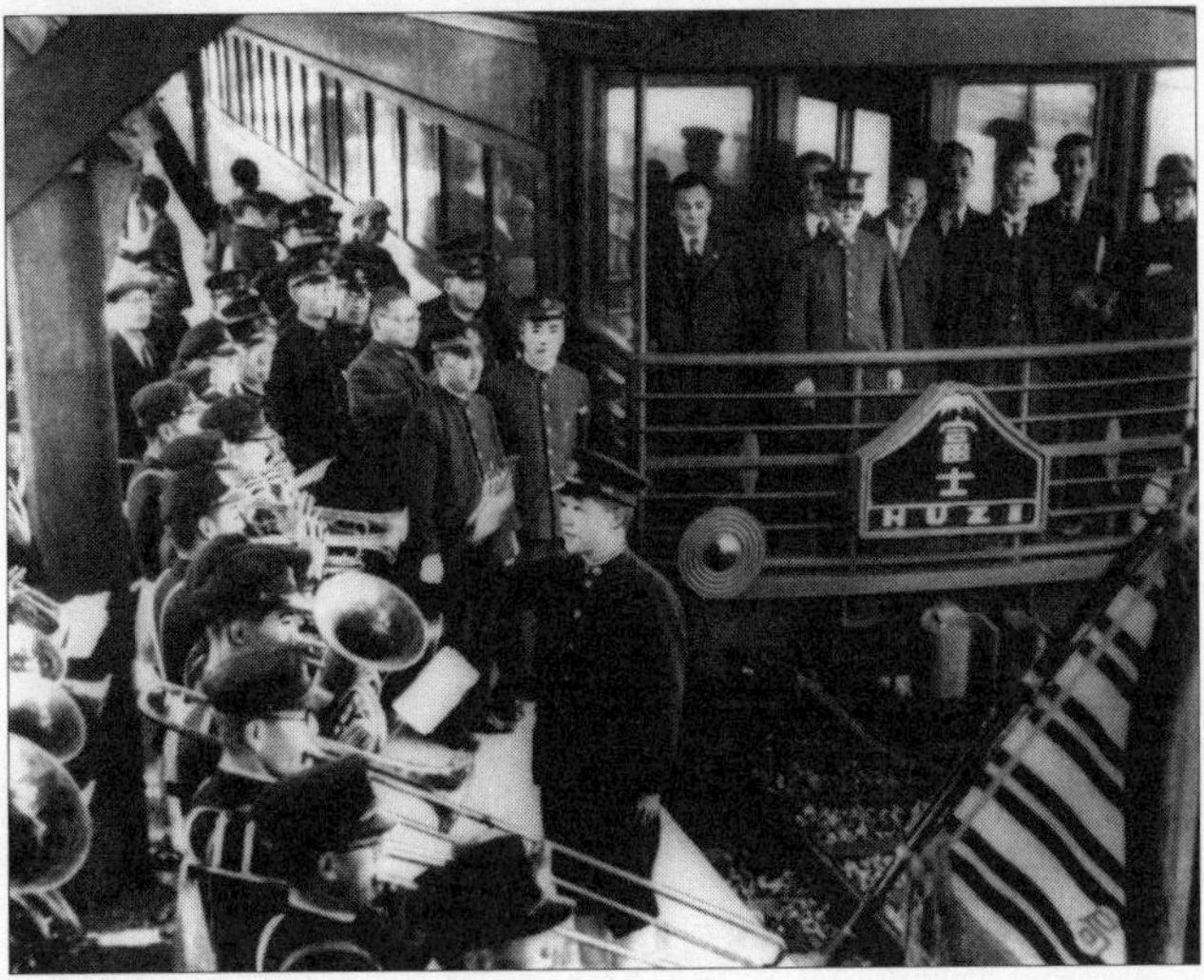

昭和17（1942）年に世界初の海底トンネル「関門トンネル」が開通。写真はトンネルを通り、門司駅に到着した特急富士。（提供：毎日新聞社）

が必要となる。

また当時の日本は、関門トンネル完成前の昭和6年9月1日に、建設中の上越線で、**世界最長（9702メートル）の清水トンネルの開通に成功**するなど、鉄道技術に関して世界的に高いレベルをいっていたことは確かである。

さらに、当時の日本では、**下関から朝鮮までトンネルを掘り、北京まで直通させる**という広大な計画すら存在していた。

下関と釜山を結ぶ連絡線は軍需物資輸送のため大混雑しており、この連絡線の海底をトンネルで結ぶ計画も検討されていたのだ。このトンネル計画は、実地調査も数回行われている。

なにはともあれ、大日本帝国の鉄道建設技術が、世界的に高い水準であったことは間違いないのである。

電気を素早く行き渡らせた

実は通信先進国だった大日本帝国

大日本帝国は、鉄道などの交通網の整備だけでなく、**情報通信のインフラ整備**も素早く行っている。

日本に初めて電信機が入ってきたのは、嘉永7（1854）年、いわゆる**ペリーの来航**時のことである。ペリーが持ってきた将軍への献上品の中に、電信機があった。この電信機は公開実験され、見た者は驚嘆したという。

それからわずか20年後には、**日本全国のほぼすべてに電気通信網が引かれていた。**

明治新政府は、通信インフラも文明国には不可欠なものだと考え、電信線の敷設を進めていった。

明治2（1869）年8月には、早くも横浜弁天灯明台～神奈川県裁判所間に電信線を実験架設し、この年の12月には東京～横浜間の電信線を開通させている。

明治5年には東京～神戸、翌明治6年には東京～北海道間の電信線が開通。明治10年ごろまでに全国主要都市に電信線網が行き渡った。

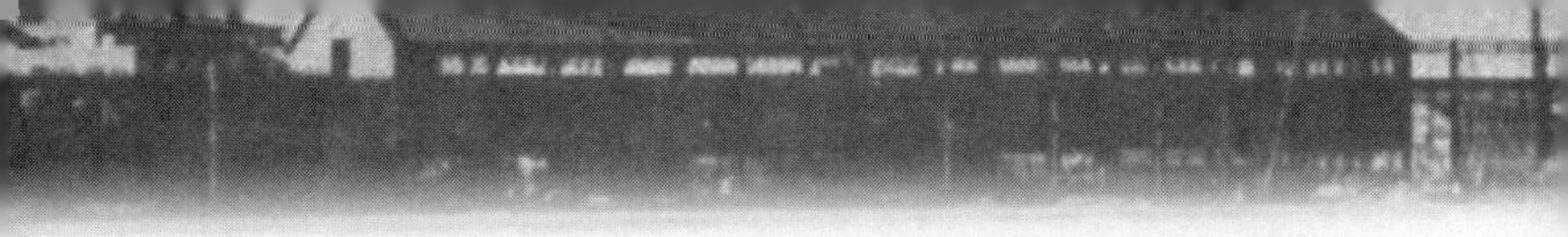

明治 44（1911）年頃の東京・渋谷の宮益坂。道沿いに電柱が立っているのがわかる。
（『1億人の昭和史 14　昭和の原点　明治』毎日新聞社より）

明治政府が電信敷設を急いだ理由

明治新政府が、これほど素早く電信インフラの整備に力を注いだのは、電信が便利だからという面もあったが、**欧米列強の脅威**というものもあった。

欧米列強は、経済交流などを通じて、徐々にその国の内部に入っていくという方法を得意にしていた。あからさまに武力で侵攻するのではなく、産業力や資本力にものを言わせ、その国の中枢に食い込み、徐々に支配関係を築いていくのである。

それは電信の分野にもいえることだった。

日本が開国するとともに、欧米資本の会社

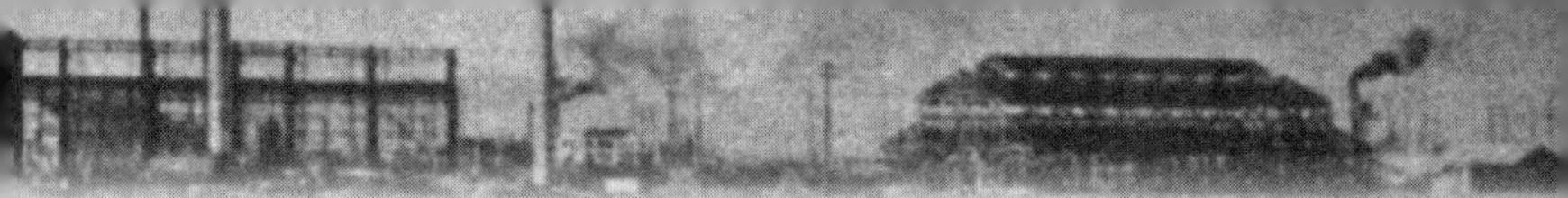

が、電信線の敷設を日本に打診してきた。しかし、これを安易に受け入れることは危険である。外国に自国の通信設備を握られるということは、**自国の「神経」を他国に支配されるようなもの**だからだ。

発足したばかりの明治政府に対して、デンマークの大北電信会社という通信会社が、日本国内の電信線の敷設許可を求めてきた。

この大北電信会社というのは、**デンマーク皇室が大株主で、ロシア皇帝も株主**になっていた。会社といっても、その背後には大国が控えていたのである。またフランス、イギリスなども、大北電信会社を後押しした。日本で商売をするためには、日本に電信設備が整えられた方が便利だからである。

このため、日本は折れざるを得なかった。

明治政府は、上海、ウラジオストックから長崎までの海底線の敷設権、また長崎〜横浜間の海底敷設権を大北電信会社に与えた。

しかし、大北電信会社は、さらに本州〜九州間の陸上での電信線の架設権をも交渉してきた。これを見て、明治政府は危機感を抱き、急いで自前で電信線を開通させたのだ。

インフラの対応で明暗が分かれた清と日本

明治新政府の電信インフラの整備がいかに迅速だったか、いかに賢明な判断だったかというのは、当時の中国と比較すれば、わかりやすい。

中国では、明治3（1870）年に上海〜香港間の海底線の敷設権をイギリスに与えてお

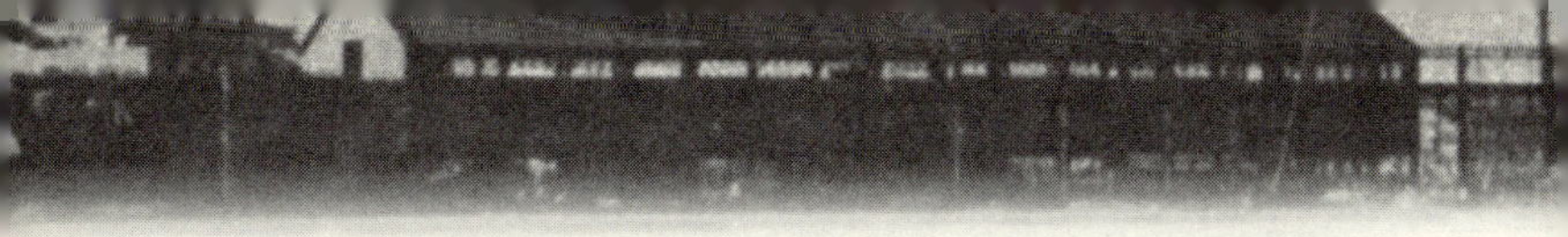

昭和10（1935）年の主要国の電信電話利用量			
	電報数（千通）	市内電話通話数（百万度）	市外電話通話数（百万度）
アメリカ	192,000	27,016	956
ソビエト	79,915	—	33
イギリス	53,427	1,726	94
フランス	32,047	678	220
ドイツ	16,765	2,168	261
日本	63,646	4,025	261

データは藤井信幸『テレコムの経済史』（勁草書房）より著者が抽出

り、電信線の建設は**当初ほとんどが外国企業によるもの**だった。

明治5年4月5日のニューヨーク・タイムズ紙には、次のような記事がある。

「中国の電信線は、政府がいっさい加担せず、完全に外国資本と外国企業の手によって建設され、一方日本の電信線建設は、完全に政府の事業であり、そのために両国の発展傾向の違いが比較でき、実に興味深い」

この記事は、まるでその後の日本と清を言い当てているようでもある。自力で電信事業を開始した日本は、欧米に肩を並べる国に発展していき、電信事業を外国に委ねた清は、欧米列強にいいように食い物にされていった。

中国政府（清政府）による電信線の架設は、明治12（1879）年頃から始まる。日本よりも10年遅れである。その後の建設の速度も、まったく違う。日本は1880年代のうちに電信局は300局を超え、明治45（1912）年には4744局となっていた。**中小都市はもちろん地方の村々にまで、電信が行きわたった**。

しかし、中国は明治45年の時点で、電信局は565局に過ぎなかった。

といっても、他のアジア諸国はどこも似たようなものか、もしくは中国よりも遅れていた。

鉄道とともに、電信の分野でも、日本はアジア諸国に先駆けていたのである。

そして、電信の分野では、大日本帝国は世界でもトップレベルになっていく。

昭和10年の段階で、電報数、電話通話数では**アメリカに次いで世界第2位**だったのだ。それだけ電信電話が普及し、市民生活に溶け込んでいたということである。

明治時代中頃にはすでに電気が通っていた

大日本帝国はインフラ整備において、新技術も積極的に導入した。

明治20（1888）年には、早くも電気の供給を開始したのだ。

アメリカでエジソンが電気事業を始めたのが1880年のことなので、その**わずか8年後のこと**である。

最初の年の契約者はわずかに134者だった。しかし5年後には、1万4000以上にもなり、浅草凌雲閣のエレベーター運転用に利用されるようにもなった。浅草凌雲閣というの

明治29（1896）年に完成した浅草発電所。石川島造船所（現・IHI）開発の国産交流発電機は欧米のものと遜色ない性能を誇った。（『東京電灯株式会社五十年史』より）

は、明治23（1890）年に浅草に建てられた12階建ての商業ビルで、明治大正の東京の名物である。

明治21年以降、神戸、大阪、京都、名古屋などにも相次いで、電力会社が作られた。

これら電力会社の開業当初の発電方法は、**石炭を使った火力発電**だった。が、明治25年、琵琶湖に水力発電所がつくられたのを皮切りに、**全国各地に水力発電所が設置された**。

明治39年、東京電燈株式会社は、山梨県駒橋で桂川系の水力を利用した発電所を建設、5万5000ボルトの発電、80キロの長距離の送電を開始した。大正2年には猪苗代湖から東京まで送電された。中部山岳地方でも水力発電所が相次いで作られ、京阪神に供給されるようにもなった。

この水力発電によって電気料金が非常に安くなり、全国に電気が普及することになった。

工場では、ボイラーを焚いて動力源を得るより、電気を使った方が安くなり、大工場のみならず中小の工場でも電気を使うようになった。

戦前に早くも多数の電化製品が登場

大正5年（1916年）には、東京、大阪で80%、全国でも約40%の家庭に電気が行きわたっていた。当初は、電灯だけだった電化製品も開発が進み、電灯以外にも電気を使う機会が増えていった。

電熱器を使った電気コンロ、アイロン、扇風機などが最初に普及した電化製品である。**トースターや電気ストーブ、冷蔵庫、洗濯機、掃除機、クーラーも戦前のうちに登場**している。

ただし、当時の電化製品は当然のように価格は非常に高く、昭和9年ごろの冷蔵庫は600円から800円もした。これは**家が一軒建つほどの値段**だった。

一般庶民には「高嶺の花」どころかまだまだ夢の道具に過ぎなかった。

当時の電気には、**定額電灯**という料金設定があった。

夜間はいくら使っても自由だが、夜間にしか送電されない、また送電される電力は限られていて電灯にしか使えないというものだった。普通の家庭では、この定額電灯にしていることが多かった。

当時の電化製品は、今と違って欧米から輸入

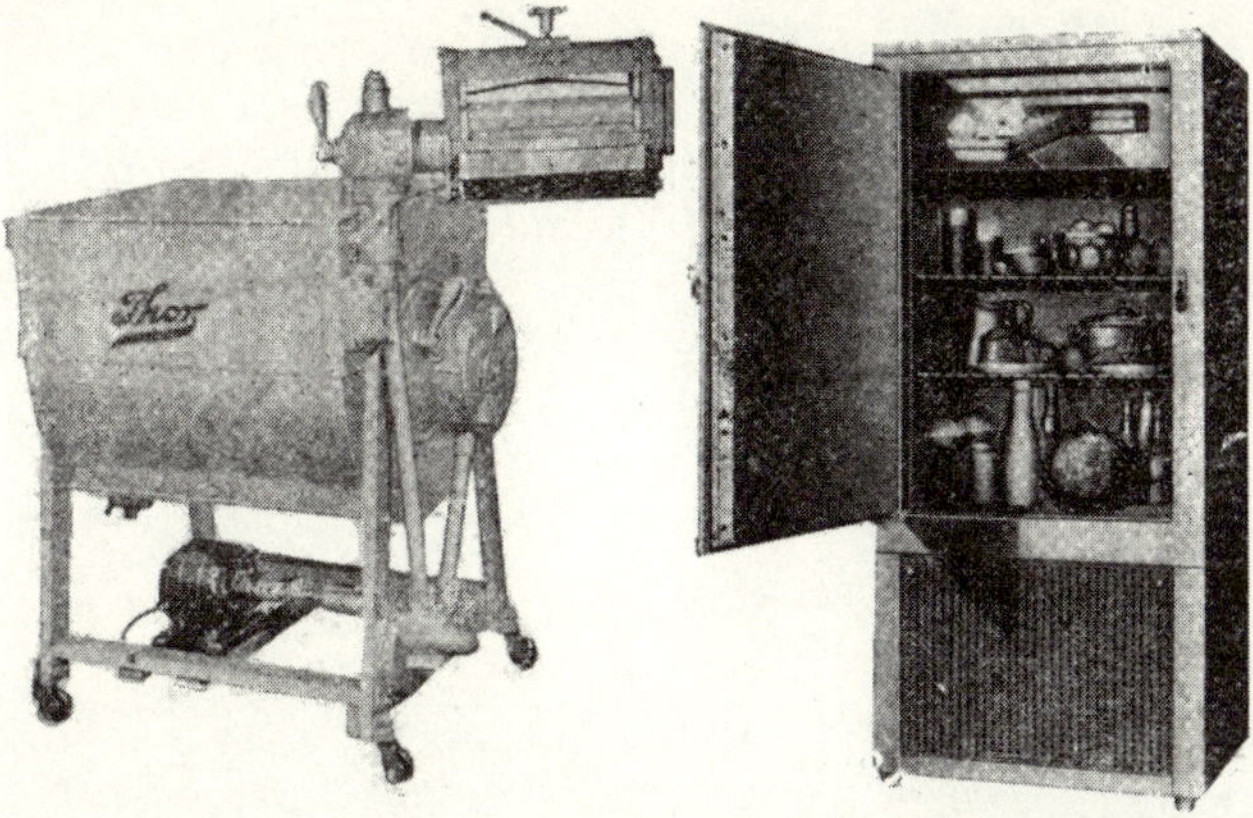

戦前の電化製品。左は三菱電機が輸入販売していたアメリカのソアー社の電気洗濯機。右は南国産業株式会社が輸入販売していたアメリカの家電メーカー、ケルビネーター社の冷蔵庫。いずれも非常に高額だった。（家庭電気普及会『実用家電便覧』より）

されることが多かったが、大正5年には芝浦製作所（現在の東芝）が扇風機の量産を開始するなど、日本の企業もそれなりに存在感を出しつつあった。

本書で紹介したシャープペンシルの発明者・早川徳次も大阪で早川金属工業研究所（現・シャープ株式会社）を起業し、国産の鉱石ラジオを販売していた。

電気が普及したことで国内の製造業は発達していったが、戦争が暗い影を落とす。日中戦争、太平洋戦争と続くうちに、電気産業は軍需一色になっていったのだ。

戦後、日本では電化製品の製造が盛んになり、世界へと羽ばたいて行った。日本の家電が成功した背景には、戦前に培った発想や技術があったのだ。

参考文献

【書籍】

福田眞人『北里柴三郎』（ミネルヴァ書房）／砂川幸雄『北里柴三郎の生涯』（ＮＴＴ出版）

『北里研究所二十五年誌』（北里研究所）／宮島幹之助、高野六郎編『北里柴三郎伝』（北里研究所）

『日本電球工業史：追補版』（日本電球工業会）／『日本乾電池工業史』（日本乾電池工業会）

栗原登『子供のための発明発見家物語』（文化書房）／『御木本真珠発明１００年史』（株式会社ミキモト）

間々田隆『養殖真珠の発明者御木本幸吉』（日本出版社）／『サクラクレパスの七十年』（株式会社サクラクレパス）

橋爪恵編『巨人高峰博士』（三共株式会社）／家庭電気普及会編『実用電気便覧』（家庭電気普及会）

『豊田佐吉伝』（豊田佐吉翁正伝編纂所）／『三共百年史』（三共株式会社）

『東京電灯株式会社開業五十年史』（東京電灯株式会社）／『ＴＤＫ60年史』（ＴＤＫ株式会社）

『アイデアの50年』（早川電機工業株式会社）／『ヤンマー50年少史』（ヤンマー）

『業界御家庭百華譜』（酒缶詰新報社）／『味の素グループの百年』（味の素株式会社）

『70年のあゆみ』（カルピス食品工業株式会社）／志賀潔『或る細菌学者の回想』（日本図書センター）

竹田美文『感染症半世紀』（アイカム）／平野隆彰『シャープを創った男』（日経ＢＰ社）

高柳健次郎『テレビ事始』（有斐閣）／滝田誠一郎『テクノ・ヒーローの伝言』（小学館）

中野英樹『電話の歴史』（城西大学学術図書出版支援機構）

無線百話出版委員会編『無線百話』（クリエイト・クルーズ）

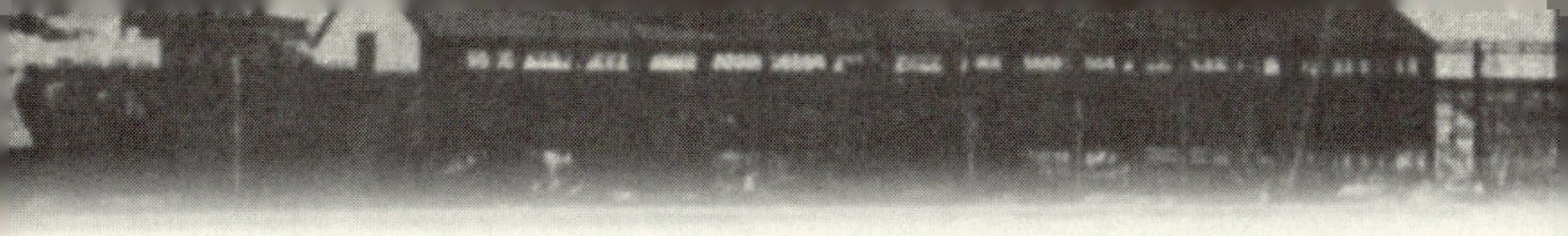

上山明博『発明立国ニッポンの肖像』（文藝春秋）／上山明博『ニッポン天才伝』（朝日新聞社）
グレイン調査団編『ニッポンの大発明』（辰巳出版）／下村隆一『エレクトロニクスの１００年』（誠文堂新光社）
上山明博『「うま味」を発見した男』（ＰＨＰ研究所）／小関智弘『道具にヒミツあり』（岩波書店）
レトロ商品研究所編『国産はじめて物語』（ナナ・コーポレート・コミュニケーション）
村上陽一郎編『日本の科学者１０１』（新書館）／鵜飼政志『幕末維新期の外交と貿易』（校倉書房）
石井孝『明治維新と自由民権』（有隣堂）／保谷徹『幕末日本と対外戦争の危機』（吉川弘文館）
勝田政治『廃藩置県』（講談社）／松尾正人『廃藩置県』（中央公論新社）
杉山伸也『日本経済史　近世―現代』（岩波書店）／田中彰『岩倉使節団の歴史的研究』（岩波書店）
佐藤秀夫『教育の文化史』（阿吽社）／石井寛治編『日本経済史』（東京大学出版会）
永原慶二『日本経済史』（岩波書店）／林田治男『日本の鉄道草創期』（ミネルヴァ書房）
沢和哉『日本の鉄道』（築地書館）／西川俊作『日本経済の２００年』（日本評論社）
有沢広巳『日本産業史』（日本経済新聞社）／藤井信幸『テレコムの経済史』（勁草書房）
柴田宵曲編『幕末の武家』（青蛙房）／園田英弘『西洋化の構造』（思文閣出版）
ラッセル・スパー著、左近允尚敏訳『戦艦大和の運命』（新潮社）
鈴木紀之『日本の兵食史』（ストライクアンドタクティカルマガジン２０１０年1月別冊、カマド）
児島襄『戦艦大和・上』（文芸春秋）／小池明『日本海海戦と三六式無線電信機』（歴史春秋出版）
加茂徳治『クアンガイ陸軍士官学校』（暁印書館）／『東京電灯株式会社五十年史』（東京電灯株式会社）
クリエイティブ・スイート編著『ゼロ戦の秘密』（ＰＨＰ研究所）
碇義朗ほか『日本の軍事テクノロジー』（光人社）／佐藤和正『空母入門』（光人社）

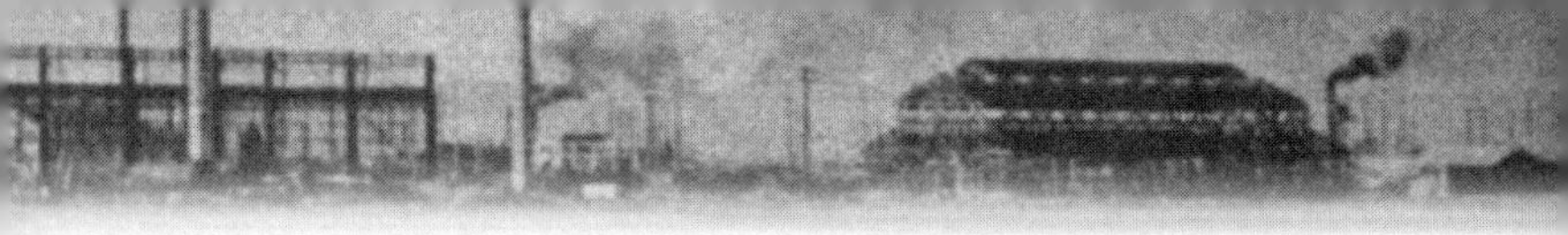

当摩節夫『富士重工業』（三樹書房）／前間孝則『富嶽～米本土を爆撃せよ』（講談社）
大場四千男『太平洋戦争期日本自動車産業史研究』（北樹出版）／伴繁雄『陸軍登戸研究所の真実』（芙蓉書房出版）

【雑誌記事】

荻野久作「荻野学説の解説」〈婦人科の世界〉昭和30年4月
古賀逸策「新しい話題・水晶時計」〈科学朝日〉１９４８年6月号
川島四郎「戦時下の食糧　兵食の話」〈科学朝日〉１９４３年4月号
「この人・この腕」〈経済マガジン〉１９３９年新年号
「無線通信技術の歴史」〈ＯＨＭ〉２０１１年5月号

【カバー写真】

「屋井乾電池・角型三号」ＴＩＭＥＫＥＥＰＥＲどっとコム（http://www.kodokei.com/）提供
「ＴＹＫ式無線電話」郵政博物館提供
「ビタミン剤（米糠の抽出物）」国立科学博物館提供
「ゼロ戦」©Attila Jandi／Dreamstime.com
「フェライト」©Karl-Martin Skontorp
「G型自動織機」©morio
「ＮＥ式写真電送装置」©momotaro2012

■武田知弘（たけだ・ともひろ）
1967年生まれ、福岡県出身。

出版社勤務などを経て、フリーライターとなる。

歴史の秘密、経済の裏側を主なテーマとして執筆している。

主な著書に『ナチスの発明』『戦前の日本』『大日本帝国の真実』（ともに彩図社）、『ヒトラーの経済政策』『大日本帝国の経済戦略』（祥伝社新書）等がある。

大《だい》日《に》本《ほん》帝《てい》国《こく》の発《はつ》明《めい》

平成27年5月25日第1刷

著　者　武田知弘

発行人　山田有司

発行所　株式会社　彩図社
東京都豊島区南大塚3-24-4
MTビル　〒170-0005
TEL：03-5985-8213　FAX：03-5985-8224

印刷所　新灯印刷株式会社

URL http://www.saiz.co.jp　携帯サイト http://saiz.co.jp/k →

ISBN978-4-8013-0068-2 C0021